कलम योग
द्वारा
मन जीता - जग जीता

अपनी अनंत क्षमता को
निखारने की मार्गदर्शक पुस्तक

हिमांशु पुंडीर

INDIA · SINGAPORE · MALAYSIA

ISBN 979-8-89066-721-2

अंतर्वस्तु

परिचय

वागर्थ विवा सम्प्राप्तह - कालीदास

वचन और लेखन आपस में जुड़े हैं और लेखनी आपके व्यक्तित्व और समझ पर गहरा प्रभाव डालती है।

लिपि विज्ञान की जड़ न केवल ऋषि परासर द्वारा रचित ग्रीकः में बल्कि दुनिया के अलग-अलग भागों जैसे की चीन पुरातन यूनान इत्यादि में भी पायी जा सकती है। हस्तलेख यानी लिखावट के विश्लेषण (ग्राफोलॉजी) की कला और विज्ञान की उत्पत्ति की जड़ें चीन में तलाशी जा सकती हैं। यह भी कहा जाता है कि प्राचीन मिस्र के लोग अपने समाज में भी लिखावट को बहुत पवित्र मानते थे। लगभग 1000 ईसा पूर्व के जापानी विद्वानों का मानना था कि किसी व्यक्ति के चरित्र, उसकी कार्य योजनाओं और उसके जीवन की पटकथा की पुष्टि उसकी लिखावट से की जा सकती है। यूनानियों के पास लिखावट विशेषज्ञ भी थे। ऐसा कहा जाता है कि सम्राट सीजर लिखावट विश्लेषण की कला और लेखक के चरित्र को समझने में लिखावट की अनिवार्यता/ महत्ता के बारे में जानते थे। आधुनिक युग में इस विषय पर एक व्यापक दस्तावेज इतालवी दार्शनिक कैमिलो बाल्डी द्वारा बोलोग्ना विश्वविद्यालय में उनके ग्रंथ "लिखावट के माध्यम से किसी लेखक की प्रकृति और स्तर को पहचानने की विधि" के माध्यम से लाया गया था।

आधुनिक लिखावट विश्लेषण की कला की उत्पत्ति यूरोप में हुई और पश्चिम की संस्कृतियों में इसकी लोकप्रियता अच्छी तरह से स्थापित है। हालांकि, लिखावट विश्लेषण की विद्या को पश्चिम में एक सम्मानित कार्यक्षेत्र के रूप में स्वीकृति मिली हुई है लेकिन इसे मुख्यधारा के भारतीय समाज में समान स्तर की स्वीकृति नहीं मिल सकी है, यद्यपि कुछ लोग लिखावट विश्लेषण कला का उपयोग करके प्रतिलोम मानसिक अभियांत्रिकी (रिवर्स मेंटल इंजीनियरिंग) और व्यक्तित्व मूल्यांकन के विचार के प्रति खुले और ग्रहणशील हैं। कई लोग इसे विनम्रता के साथ अस्वीकार भी करते हैं। हालांकि, मेरे व्यक्तिगत अनुभव में, यह एक प्रकार का विज्ञान होने के साथ-साथ एक कला भी है।

लिखावट विश्लेषण के साथ 22 से अधिक वर्षों के जुड़ाव के बाद आखिरकार मैंने इसके साथ जुड़े अपने अनुभवों को लिखने का फैसला किया। लिखावट विश्लेषण से मेरा पहला परिचय मसूरी और लखनऊ में मेरे स्कूल और कॉलेज की शिक्षा के बाद 1999 की सर्दियों में हुआ। मेरी भारतीय सेना के अधिकारी के रूप में हुई नियुक्ति तथा आने वाली उपलब्धियों ने मेरे किशोरावस्था के अंतिम दिनों के मूक, शर्मिले एवं स्वभाव विशेष के व्यक्तितत्व को अपनी दुनिया में खोये रहने वाले व्यक्ति में परिवर्तित कर मेरी हिचकिचाहट पर पूर्ण विराम लगा दिया। भारतवर्ष के विविध भूगोल तथा संस्कृतियों के समन्वय एवं पहाड़ों, घाटियों और रेगिस्तान के संकटों से परिपूर्ण परिदृश्यों का मुझे अध्ययन करने और हर प्रकार के व्यक्तित्वों से परस्पर होने का अवसर इस दौरान मिला।

सन् 1998 में जब भारतवर्ष थार के रेगिस्तान में ऐतिहासिक उपलब्धियाँ हासिल कर रहा था, मैं भारतीयों की गर्वानुभूति और अपनी देशभक्ति की भावना को महसूस तो कर पा रहा था परंतु अपने भीतर के आत्म-एकांत से कोसों दूर था। भारत के सर्वश्रेष्ठ सैन्य प्रशिक्षण संस्थान से चार वर्षों के कठोर प्रशिषण के पश्चात् मिली नवीन स्वच्छंदता तथा स्वयं की ही जवाबदेही होने का परिणाम मुझे भौतिक भागों की ओर ले बढ़ा। आज जब मैं पुनरावलोकन करता हूँ तो कह सकता हूँ कि मेरी नीयति बदलने तो वाली थी परंतु निराशा की गहराईयों को छूने के पश्चात् ही।

मेरी एक अपने सहकर्मियों के साथ बिताई स्मरणीय संध्या एक सड़क दुर्घटना के साथ मुझे गंभीर अवस्था में अस्पताल ले गई और मुझे मेरी गंभीर चोटों के कारण सेना की पदोन्नतियों के लिए अयोग्य घोषित कर दिया गया। मैं इस शारीरिक पीड़ा से युद्ध कर ही रहा था कि मुझे मेरे एक प्रिय लड़ाकू विमान चालक मित्र के निधन की जानकारी मिली। घटनाओं की इस श्रृंखला और शारीरिक तथा मानसिक पीड़ा के मध्य मैं निराशा, शोक और दुख के चक्रवात में ढकेल दिया।

अस्पताल से छुट्टी मिलने के बाद मैंने राजधानी में अपने बचपन के दोस्त से मिलने का फैसला किया। जब हम कनॉट प्लेस की गलियों में टहल रहे थे, चुंबकीय आकर्षण में बंधा हुआ सा, मैं किताबों की एक दुकान की ओर खिंचा चला गया और खुद को उसके स्वयं- सहायता- अनुभाग में 'हस्तलेख विश्लेषण' पर एक किताब पकड़े पाया। 'हस्तलेख विज्ञान' के साथ इस आकस्मिक मुलाक़ात ने मेरे जीवन को बदल दिया। उस शाम की स्मृति अभी भी मेरे मस्तिष्क में अंकित है। मैं उस रात उत्साह एवं चाव के साथ उस किताब के पन्ने तेजी से पलटते हुए उसे खूब अच्छी तरह पढ़ने के साथ-साथ अपनी खुद की लिखावट का विश्लेषण करता

रहा।मैंने अपने कम से कम 100 नकारात्मक लक्षणों की पहचान की जो मेरे भीतर शरण लिये हुए थे। यह मेरे नवजागरण का क्षण था।

अगले कुछ वर्ष व्यापक रूप से पढ़ने, अतीत के साथ-साथ समकालीन लेखकों द्वारा उक्त विषय पर लिखित व उपलब्ध संभव हो सके साहित्य का अध्ययन करने और नौकरी करते समय आत्म-प्रशिक्षण के लिए समर्पित थे। मैं न केवल इस आकर्षक विषय का विद्यार्थी हो गया था बल्कि एक प्रकार से यह मेरा अपना पहला 'केस स्टडी' (मामले का अध्ययन) भी था। एक बार। मैंने अपने भीतर अभूतपूर्व परिवर्तन देखे। अब मैं पूर्णतः आश्वश्त था और मुझे पूरा यकीन हो गया था कि मैं आत्म-खोज की इस यात्रा में अपने आसपास के कई लोगों की मदद कर सकता हूं। इस प्रकार, मैंने लिखावट का विश्लेषण करना और इस विषय में अपने आस-पास के व्यक्तियों से बात करना शुरु किया। ये व्यक्ति वरिष्ठ सहकर्मी, अधीनस्थ, अभिभावक गण, अपने छात्रों के साथ जूझते शिक्षक, अपने कैरियर में संघर्ष कर रहे पेशेवर लोग और अपने विषय में गहराई तक जाने की कोशिश कर रहे अधिकारीगण होते थे। इन व्यक्तियों को मैंने एक शौकिया परामर्शदाता के रूप में परामर्श देना शुरू किया। इस प्रकार, कुछ समय के भीतर ही, मैंने पहली बार लिखावट में निहित शक्ति का अनुभव किया।

अध्याय - 1

आधार (Baseline)

(जीवन पथ)

परिचय: आधार रेखा को मोटे तौर पर एक सीधी रेखा में लिखे गए सभी शब्दों को जोड़ने वाली रेखा के रूप में परिभाषित किया जा सकता है। यह किसी के जीवन पथ के संकेतक के रूप में है। यह लेखक के निर्णय लेने की प्रवृत्ति का संकेतक तो है ही, इसके साथ - साथ अपने जीवन को वांछित दिशा में ले जाने से संबन्धित उसकी कार्य योजना के प्रति उसके विश्वास को भी प्रतिबिम्बित करता है। यह इस बात का भी परिचायक है कि यह किसी की नियति है या उसका स्वयं का आत्मविश्वास जो उसके अपने जीवन को संचालित करता है? किसी की भी लिखावट उसके ऊपर पड़ने वाले प्रभावों, उसके दृष्टिकोण और उसकी ऊर्जा को समय व स्थान के अनुसार अपने संसाधनों को प्रसारित करने की उसकी क्षमता पर प्रकाश डालती है।

आधार रेखा के प्रकार

स्थिर आधार रेखा (Steady Baseline):

एक स्थिर आधार रेखा सभी शब्दों को जोड़ती और स्वयं में सीधी होती है। स्थिर आधार रेखा वाले लेखक स्पष्ट विचारों के होते है और उनका लक्ष्य वह स्पष्ट रूप से देख सकते हैं। उनकी अपेक्षाएँ, सपने, इरादे, लक्ष्य व उद्देश्य स्पष्ट, निश्चित और दृढ़ होते हैं।

अनियमित आधार रेखा (Erratic Baseline):

एक अनियमित आधार रेखा दर्शाती है कि लेखक अपनी क्षमताओं पर संदेह करता है और अपने स्वयं के मूल्य व उद्देश्यों को लेकर प्रश्नों से घिरा रहता है। अपने पेशेवर लक्ष्यों और सामान्य जीवन शैली को लेकर भी वह अनिश्चितताओं और भ्रमों का शिकार है। अपने दैनिक जीवन में वह अस्पष्ट, अव्यवस्थित और परेशान होने के साथ ही अधिकारियों के साथ मतभेद व अनबन रखता है। एक विजेता के रूप में उभरने की अपनी क्षमता के संबंध में वह संदेह की अंतरधाराओं से भरा हुआ है। ऐसा व्यक्ति बहिर्मुखी होने के साथ-साथ विभिन्न व्यक्तियों और घटनाओं से प्रेरित, उत्तेजित, द्रवित, उत्तरदायी व निराशा भरा हो सकता है।

लिखावट विश्लेषण द्‍वारा स्वयं की खोज

वह लचीलापन और अनुकूलन क्षमता दिखा सकता है लेकिन किसी भी प्रकार की दीर्घकालिक परिप्रेक्ष्य योजना बनाने में यह कठिनाई महसूस करेगा। ऐसा व्यक्ति यह विश्वास करता है कि भाग्य और नियति से उसे जो हासिल होना होगा, हो जायेगा।

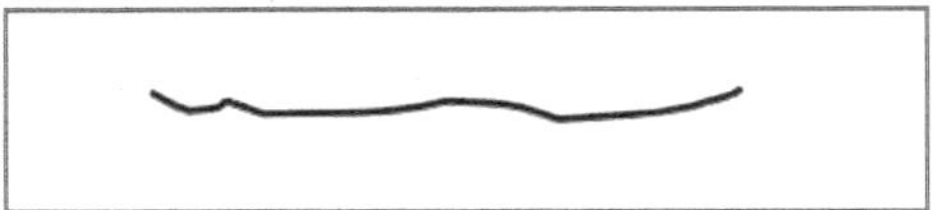

आरोही आधार रेखा (Ascending Baseline):

ऊपर की ओर या आरोही आधार रेखा वाला लेखक प्रफुल्लता, सकारात्मकता, आत्मविश्वास, आशावाद, उत्साह प्रदर्शित करता है। यह अति उत्साहित और अति प्रतिक्रियाशील स्वभाव को प्रदर्शित कर सकता है। वह नये - नये विचारोंध् समाधानों को आजमाने और किसी भी अग्नि परीक्षा में खरे साबित होने की एक उग्र भावना से सम्पन्न होता है। हालाँकि वह कई बार व्यावहारिकता से चूक सकता है और कभी-कभी अवास्तविक लक्ष्यों को अपना लक्ष्य बना सकता है।

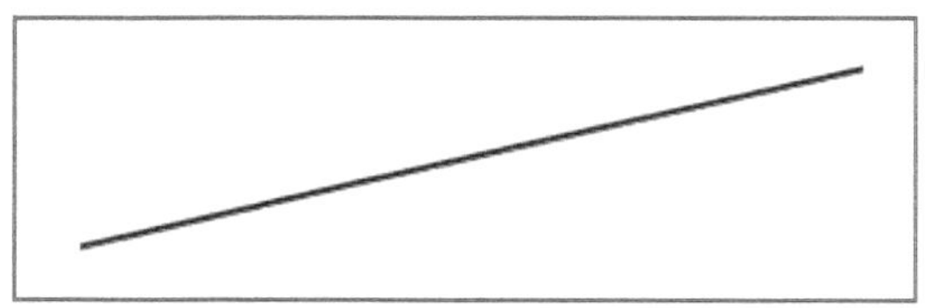

उत्तल आधार रेखा (Convex Baseline):

उत्तल आधार रेखा वाला लेखक पहले चुनौतियों का सामना करता है लेकिन फिर अपने उद्देश्यों और दृढ़ संकल्प को बीच में ही भूल जाता है। वह शुरू में अपने प्रयासों में भावुक, उत्कट और उत्साही होता है, लेकिन फिर उसके ऊर्जा भंडार में कमी आती जाती है, उसे असफलता का डर भी हो सकता है और वह चीजों को अंतिम रूप देने में रुचि की कमी दिखा सकता है। इस विशेष लेखक के द्वारा टालमटोल, शिथिलता, सुस्ती और आलस्य के लक्षणों को प्रदर्शित करने की संभावना है।

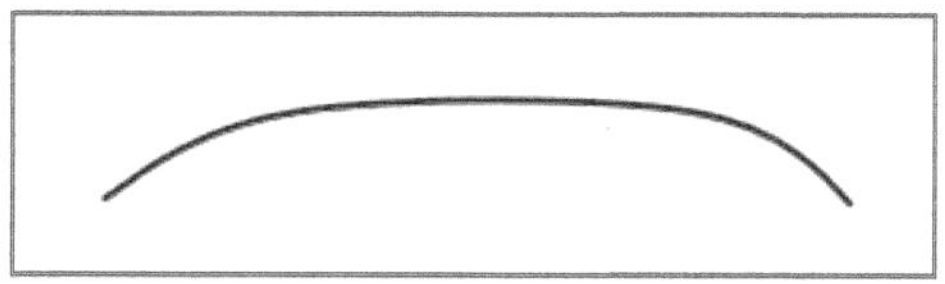

आधार रेखा
अवतल आधार रेखा (Concave Baseline):

अवतल आधार रेखा वाला लेखक प्रारंभिक झटके के बाद ऊपर आता है और पुनः अपने लक्ष्यों की ओर लौटता है। ऐसा व्यक्ति किसी भी संगठन के लिए एक संपत्ति है क्योंकि वह जुझारू भावना से संपन्न व्यक्ति है। वह आत्मविश्वासी व्यवहार प्रदर्शित करता है और जीवन में किसी भी मुठभेड़ या चुनौती में अपनी क्षमताओं और शक्तियों के बारे में सुनिश्चित होता है। किसी चुनौती का सामना करते हुए उसे शुरूआत में प्रारंभिक हिचकिचाहट हो सकती है लेकिन अंत में वह विजयी होता है।

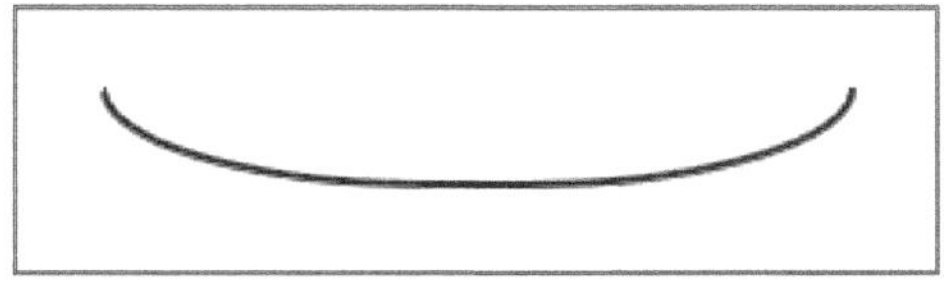

पंक्तिबद्ध कागज पर लेखन (Writing on Lined Paper):

यह विशेष लेखक नियमों, विनियमों और एक तैयार ढांचे को संचालित करने के लिए देखता है और आम तौर पर अधिकार-बद्ध होता है और निर्धारित मानदंडों से

विचलित हुए बिना जो निर्धारित किया गया है या लिखित रूप में तय किया गया है उसका पालन करता है।

रिक्त पृष्ठ के नीचे रेखाएँ रखना (Placing Lines Beneath Blank Page):

इस विशेष लेखक में नियमों और विनियमों का पालन करने की गुप्त, अप्रत्यक्ष और छिपी हुई इच्छा है। अपनी इस आंतरिक आवश्यकता की पुष्टि करने के लिए वह एक प्रकार का गुरुत्वाकर्षण खिंचाव महसूस करता है और इस हेतु बाहरी सत्यापन की तलाश करता है। यह व्यक्ति अनुशासन का पालन करता है, आदेश का सम्मान करता है और अपने लिए उच्च उद्देश्य व लक्ष्य निर्धारित करता है। यह दूसरों से भी अपेक्षा करता है कि वे उनके अनुरूप रहें।

कड़ी आधार रेखा (Stiff Base Line):

अत्यंत कठोर आधार रेखा (बिल्कुल सीधी) वाले लेखक में स्वयं को और अपने वातावरण को नियंत्रित करने की प्रबल इच्छा और गहरा आग्रह होता है। वह लोगों और स्थितियों पर अतिरिक्त पकड़ रखने की आवश्यकता को भी दृढ़ता से महसूस कर सकता है। वह आम तौर पर पथ विचलित हो सकता है। आशंकित रहता है कि कहीं वह अपनी डगर से फिसल न जाये, गलतियाँ न कर बैठे।

अध्याय - 2

दबाव (Pressure)

(आंतरिक ऊर्जा)

दबाव को तीन प्रकारों में विभाजित किया जा सकता हैरू पकड़ दबाव, प्राथमिक दबाव और द्वितीयक दबाव। पकड़ दबाव इस बात से संबंधित है कि पेन को कितनी मजबूती से पकड़ा जाता है। प्राथमिक दबाव मुख्य रूप से डाउन स्ट्रोक (अधोघात) के गठन से संबंधित होता है। द्वितीयक दबाव ऊपर की ओर और पार्श्व स्ट्रोक (lateral stroke) में देखा जाता है। प्राथमिक दबाव को कागज के पीछे की तरफ उंगलियों से स्पर्श कर महसूस किया जा सकता है। यह किसी व्यक्ति के ऊर्जा भंडार को दर्शाता है। यह व्यक्तिगत और शारीरिक जीवन शक्ति का निर्धारण करने के अलावा उसके अभियान,दृढ़ इच्छा शक्ति और उस व्यक्ति द्वारा अपने लक्ष्यों और उद्देश्यों को पूरा करने के लिए किए जा सकने वाले प्रयासों की मात्रा का संकेत भी देता है। यदि भावनात्मक मोर्चे की बात करें तो यह दबाव भावनाओं की स्थिरता, भावनाओं की गहराई और संवेदी केंद्रों की संतुष्टि की इच्छा को इंगित करता है।

दबाव के प्रकार:

बहुत भारी दबाव (Very Heavy Pressure): बहुत भारी दबाव वाले लेखक के पास उच्च स्तर की भावनात्मक तीव्रता होती है। वह अपने लक्ष्यों और उद्देश्यों को प्राप्त करने के लिए अपरिष्कृत ऊर्जा का उपयोग करता है और उन्हें प्राप्त करने के लिए अपने क्रोध और निर्ममता का प्रश्रय ले सकता है। यह लेखक अपने मजबूत जुनून के कारण अपने परिवेश पर एक छाप छोड़ता है। वह गहन अनुभूतियों और मजबूत भावनाओं से सराबोर होता है। वह हिंसात्मक प्रवृत्ति वाला और प्रकृत्ति से स्वामित्व की भावना लिये होता है। मजबूत दंभ वाला होने के साथ ही वह दमदार, गतिशील, उत्पादक, उच्च स्तर की सहन शक्ति से सम्पन्न, दृढ़ संकल्प शक्ति लिये होता है। वह जीवन में घटनाओं को कभी नहीं भूलता और विशेष रूप

से भावनाओं से ओतप्रोत होता है। वह एक मजबूत प्रभावशाली स्मृति से सम्पन्न होता है। आम तौर पर बाह्य व्यक्तित्व वाले इस व्यक्ति को यात्रा, शारीरिक चुनौतियों व रोमांच से प्यार होता है। वह व्यवहार-पटु होता है। परिवर्तन से विमुख होता है। चीजों में व्यवस्थित होना पसंद करता है और अपनी विशिष्ट शैली में काम करता है।

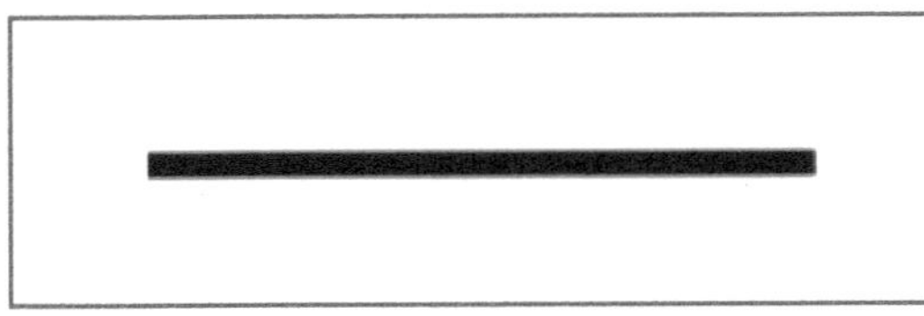

मजबूत दबाव (Strong Pressure): यह दर्शाता है कि लेखक के पास औसत से ऊपर का अभियान और उच्च स्तर का दृढ़ संकल्प है। वह पर्याप्त जीवन शक्ति और ऊर्जा के संकेत देता है जो उसके व्यक्तिगत उपक्रमों को पूरा करते हैं। वह आत्मविश्वासी है।भावनात्मक धरातल पर उसकी भावनाओं में औसत से अधिक गहराई होती है।

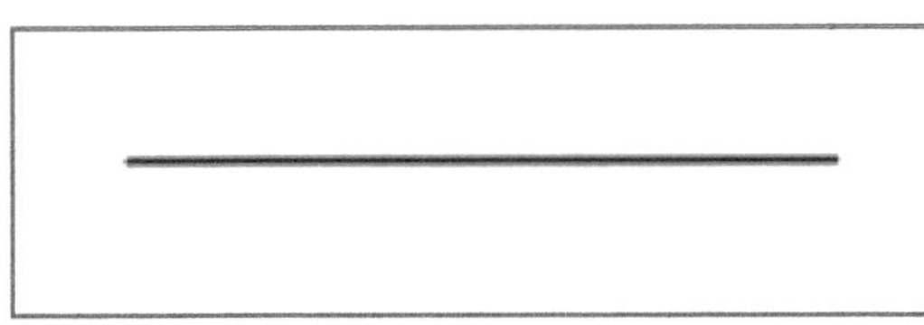

मध्यम दबाव (Medium Pressure): मध्यम दबाव वाला व्यक्ति बहुत भारी और दृढ़ दबाव वाले लेखक के बीच मध्य मार्गी होता है। उसके पास ऊर्जा के अतिरिक्त भंडार नहीं हैं, शांतचित्त व संतुलित है। उसका व्यक्तित्व नियंत्रित स्वभाव, जुनून और चाव से सम्पन्न है। वह अपने व्यक्तिगत और व्यावसायिक लक्ष्यों को अपने दायरे और समझ के भीतर निर्धारित करता है। वह तनावपूर्ण परिस्थितियों और अवसर के अनुसार मांग वाली स्थितियों में शांत और आत्म-नियंत्रित रहता है। ण्

हल्का दबाव (Mild Pressure): लिखावट में हल्का और नम्र दबाव रखने वाला व्यक्ति विनम्र होता है। वह स्वभाव से कोमल, नाजुक भावनाओं से सम्पन्न और अपने वातावरण के प्रति संवेदनशील होता है परंतु कमजोर इच्छा शक्ति वाला होता है। वह सहिष्णु, विनम्र और सौम्य स्वभाव से सम्पन्न होता है। कम ऊर्जा भंडार और औसत जीवन शक्ति वाला होने के कारण उसकी व्यक्तिगत महत्वाकांक्षाएं आम तौर पर निचले स्तर पर होती हैं। वह सुस्त और टालमटोल करने वाला होता है और आसानी से अपना रास्ता बदल लेता है। वह हल्के दिल वाला, सरल स्वभाव का होता है और क्षणभंगुर परिस्थितियों से तालमेल बिठाने वाला होता है।

दबाव

परिवर्तनीय दबाव (Variable Pressure): परिवर्तनीय दबाव लेखक के आंतरिक असंतुलन के संकेतों को दर्शाता है। वह अपनी स्वयं की कल्पनाओं और सनकों के बवंडरों से निराश और त्रस्त होता है। वह कई बार अनावश्यक रूप से आक्रामक हो जाता है और अपनी मनोदशा व अपनी भावनाओं के उतार-चढ़ाव से प्रभावित हो जाता है।

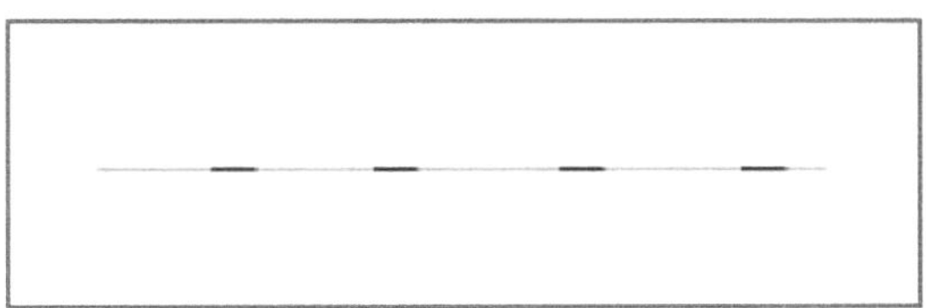

पंक्तियों की चौड़ाई और गहराई (Width And Depth of Lines): लिखावट में गहराई उत्साह और ऊर्जा भंडार का संकेत है। इस से यह भी इंगित होता है कि कोई व्यक्ति अपनी संवेदनशील इच्छाओं और भौतिक संतुष्टि को पूरा करने के लिए कितना उद्‌यम कर सकता है और किस सीमा तक जा सकता है। दूसरी ओर, इस की चौड़ाई संवेदनात्मक प्रसन्नता के विभिन्न स्तरों की सराहना करने की क्षमता को दर्शाती है। घनी और गंदली लिखावट इंगित करती है कि लेखक के पास विविधतापूर्ण रुझान व सजने-संवरने की प्रवृत्ति है। उसके पास रुचियों और

शौकों की अधिकता है। इस बात की पर्याप्त संभावना है कि अत्यधिक अमर्यादित व्यवहार से मिलने वाले सुख उसे अपना शिकार बना लें। गहराई और चौड़ाई दोनों के संयोजन वाली लिखावट इंगित करती है कि लेखक में संवेगात्मक और और भौतिक सुखों के लिए तीव्र लालसा है। वह आनंद की तलाश में रहने वाला शिकारी है। वह विविध समृद्ध रुचियाँ रखता है। रंगों, संरचनाओं और सौंदर्यशास्त्र के प्रति व्यापक रुचि रखता है।

अध्याय - 3

तीन क्षेत्र (The Three Zones)

बौद्धिक प्रयास, सामाजिक आवश्यकताएं और भौतिक पहलू (Intellectual Strivings,Social Needs and Physical Aspects)

अंतर - क्षेत्रीय विन्यास (Inter-Zonal Configuration): हस्तलेखन में तीन क्षेत्र होते हैं क्योंकि पैन क्षैतिज रूप से आगे बढ़ता है और लंबवत धुरी को भी,ऊपरी और निचले क्षेत्रों में,समायोजित किये रहता है। ऊपरी क्षेत्र आकाश, स्वर्ग, सिर और महा- अहं से संबंधित है। मध्य क्षेत्र दैनिक जीवन के कार्य क्षेत्र में विद्‌यमान भौतिक वास्तविकता और अहंकार का प्रतिनिधित्व करता है। वर्तमान निचला क्षेत्र कामेच्छा, अपराधलोक, भौतिकता या पहचान का प्रतिनिधित्व करता है।

ऊपरी क्षेत्र (Upper Zone): ऊपरी क्षेत्र लेखक की आध्यात्मिक बुद्धिमत्ता, उद्देश्य के प्रति उत्कटता, बौद्धिक प्रेरणा, अंतश्चेतना, उद्देश्यों, लक्ष्यों, रचनात्मकता, कल्पनाशीलता, प्रश्नों के उत्तरों के प्रति जिज्ञासा, आध्यात्मिक रुचियों, विद्‌वतापूर्ण आवश्यकताओं, अमूर्तता, योजनाओं, सपनों, आशाओं, विचारों और आदर्शों का स्टैटोस्कोप (परिश्रावक) होता है। यह मस्तिष्क का भंडार और निक्षेपागार है। ऊपरी क्षेत्रों के प्रकार निम्नानुसार हैं:

विस्तृत ऊपरी क्षेत्र (Expanded Upper Zone): विस्तृत ऊपरी क्षेत्र वाला लेखक मानसिक चालबाज़ियों का सहारा ले सकता है। वह चिंतातुर है और अपनी सोच में विशिष्ट नहीं है क्योंकि जब किसी समस्या समाधान की बात आती है तो वह कई समस्याओं में उलझ जाता है। वह अभिमानी व आडंबरपूर्ण है और दूसरों पर

किसी प्रकार की विद्वतापूर्ण व अकादमिक प्रधानता और अधिकार प्रदर्शित करने की भावना रखता है।

लिखावट विश्लेषण द्वारा स्वयं की खोज

औसत चौड़ाई वाला ऊपरी क्षेत्र (Average Width Upper Zone): औसत चौड़ाई के ऊपरी क्षेत्र वाला लेखक साधन संपन्न होता है,। वह नए विचारों और अवधारणाओं को उत्पन्न करता है तथा बौद्धिक चुनौतियों को स्वीकार करता है। इसके साथ ही समस्या समाधान के नए और सरल तरीकों को महत्व देता है।

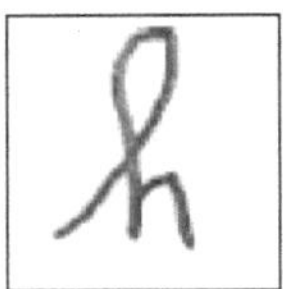

संकीर्ण चौड़ाई वाला ऊपरी क्षेत्र (Narrow Width Upper Zone): संकीर्ण चौड़ाई के ऊपरी क्षेत्र वाला लेखक एक चयनात्मक शिक्षार्थी होता है। एक निश्चित, दृढ़ और कठिन विचार प्रक्रिया वाला होने के साथ- साथ वह स्वार्थी प्रकृत्ति का और अज्ञात से भयभीत रहने वाला भी होता है। यह लेखक सीखने में सुस्त होता है क्योंकि उसकी मानसिक रूचि बहुत कम होती है।

दोहराव युक्त ऊपरी क्षेत्र (Retraced Upper Zone): दोहराव युक्त ऊपरी क्षेत्र वाले लेखक के पास एक तर्कसंगत दृष्टिकोण होता है और वह सीधे पूर्वापेक्षाएँ प्राप्त करता है। वह व्यावहारिक संकल्पों की सराहना करता है, मानसिक चालबाज़ियों और कल्पनाओं में लिप्त नहीं होता है और केवल छोटी-मोटी बातों में उलझा रहता है।

लंबा ऊपरी क्षेत्र (Tall Upper Zone): लंबे ऊपरी क्षेत्र वाला व्यक्ति गहरा और व्यापक ज्ञान प्राप्त करने के लिए कठिन प्रयास करता है। वह अपने चुने हुए क्षेत्र में उत्तर खोजने और शोध करने के लिए बहुत प्रयास करता है। अपने व्यवहार में वह आदर्शवाद, कल्पना, आध्यात्मिक झुकाव, उत्साह और दार्शनिक क्षेत्रों में रुचि प्रदर्शित करता है। उसका नकारात्मक पक्ष यह है कि वह चंचल, प्रभावित, व्यर्थ, मिथ्याभिमानी, दूसरों को प्रभावित करने की इच्छा रखने वाला, पागल, अवास्तविक, दिवास्वप्न देखने वाला और स्वयं अपने आप से बचने वाला हो सकता है।

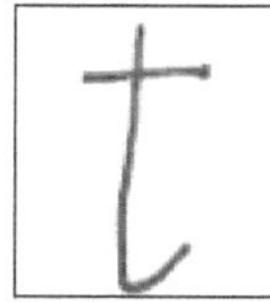

खंडित और छोटा ऊपरी क्षेत्र (Truncated and Small Upper Zone): इस तरह का लेखक शिक्षाविदों के प्रति कम आकर्षित होता है और उसकी बौद्धिक और मस्तिष्क संबंधी ज़रूरतें आसानी से पूरी हो जाती हैं।

मध्य क्षेत्र (Middle Zone): यह क्षेत्र लोगों के साथ दैनिक बातचीत को दर्शाता है। यह सांसारिक और दोहराए जाने वाले कार्यों का एक क्षेत्र है जो लेखक के व्यक्तिगत संचार, सामाजिक मुठभेड़ों, आत्मविश्वास और भरोसे का बैरोग्राफ उपकरण है। मध्य क्षेत्र की ऊंचाई इंगित करती है कि लेखक दुनिया में बड़े पैमाने पर कितनी प्रमुखता चाहता है। मध्य क्षेत्र की चौड़ाई लेखक के आत्म-आश्वासन और आत्म-स्वीकृति की मात्रा दर्शाती है। यह इस बात को भी दर्शाती है कि एक लेखक मानसिक रूप से कितना तनावमुक्त है और अपने भीतर कितनी शांति महसूस कर रहा है। मध्य क्षेत्र अल्प या पूर्ण हो सकता है। एक अल्प या तुच्छ लिखावट में अक्षरों का आकार छोटा हो जाता है। यह संकीर्ण, तंग, दुहराव लिये हुए, बेहद छोटा या लगभग पूरी तरह से गायब जैसा होगा। किसी लेखक की अल्प लिखावट उस

के व्यक्तित्व के संबंध में दर्शाती है कि वह मुद्दों से बचता है जो उसके प्रारंभिक जीवन में उसे मिली पीड़ा या दमन को परिलक्षित करता है। अल्प लिखावट वाले लेखक की सकारात्मक विशेषताएं हैं कि वह व्यावहारिक, तेज, सैद्धांतिक, स्पष्ट, शांत और एकाग्र होता है। उसकी नकारात्मक विशेषताएं हैं: कंजूस, अकल्पनीय, कल्पनाशीलता की कमी, आत्म-इनकार, एक कमजोर स्मृति और एक ठंडा रवैया। दूसरी ओर परिपूर्णता में देखा जाये तो गर्मजोशी, उदार, परवाह करने वाले और समाजिकता के गुण लिये होता है।

छोटा मध्य क्षेत्र (Small Middle Zone): छोटे मध्य क्षेत्र वाले लेखक में सामाजिक अलगाव के लक्षण होते हैं, वह स्वयं को नजरंदाज करता है क्योंकि वह स्वयं को कमतर आंकता है। उसकी खराब आत्म छवि को नियमित रूप से बढ़ावा देने की आवश्यकता होती है क्योंकि वह अपनी इस आंतरिक कमजोरी का शिकार हो सकता है। वह सार्वजनिक जांच और चुभने वाली सामाजिक स्थितियों के तहत अयोग्य साबित हो सकता है। वह परिचितों को पसंद करता है। इसके अलावा विदेशी व्यक्तियों, अज्ञात भीड़ और सभाओं के बीच में परेशान महसूस करता है। वह सामाजिक जीवन की कीमत पर अपने व्यक्तिगत विकास की ओर अधिक झुका हुआ है। हालाँकि, वह बहुत अच्छी एकाग्रता से सम्पन्न है क्योंकि वह मुख्य रूप से मस्तिष्क संबंधी चुनौतियों पर ध्यान केंद्रित करता है।

small middle zone

सामान्य आकार का मध्य क्षेत्र (Normal Middle Zone): एक सामान्य मध्य क्षेत्र यह दर्शाता है कि लेखक का दृष्टिकोण सकारात्मक है। वह सामान्यतः स्थितियों और लोगों से स्वस्थ रूप से जुड़ा होता है। अपनी समग्र भलाई और लाभ के लिए दूसरों से प्राप्त राय और प्रतिक्रिया की सराहना करता है।

Normal middle zone

विशाल मध्य क्षेत्र (Expanded Mid Zone): यह लेखक अपने समुदाय में दैनिक जीवन का आनंद व रस लेता है। यदि अन्य दो क्षेत्रों पर ज़ोर देने के साथ केवल मध्य क्षेत्र पर ज़ोर दिया जाता है तो व्यक्ति की तात्कालिक जीवन शैली के बाहर बहुत कम आवश्यकतायें हो सकती हैं। यह लेखक किसी भी कार्य के लिये अधिकारी से अनुमोदन चाहता है। उस के व्यक्तित्व में परिपक्वता की मात्रा की कमी हो

सकती है। यह लेखक अपनी योजना में बिना किसी दीर्घकालिक योजना के पूरी तरह से जीवन जीता है।

expanded mid zone

पिचका हुआ मध्य क्षेत्र (Squeezed Middle Zone): पिचके हुए मध्य क्षेत्र वाले लेखक के बारे में आशंका होती है कि उसे सराहना और मान्यता नहीं मिली है। वह अपने सभी व्यवहारों और संपर्कों में परिपूर्ण होने की इच्छा रखता है। जहां उसे आमंत्रित नहीं किया जाता है, वहां जा कर उद्‌यम या उपक्रम करना पसंद नहीं करता है। इस व्यक्ति में एक उद्देश्यपूर्ण अभियान व पहल की कमी है। यह सामाजिक आदान-प्रदान में असुविधा प्रदर्शित करता है और एक नए या विदेशी वातावरण में असहज महसूस करता है।

compressed middle zone

असमान मध्य क्षेत्र (Uneven Middle Zone): यह विशेष लेखक उच्च आत्म-मूल्य और आत्मविश्वास या आत्म-पराजय और आत्म-संदेह की भावनाओं को प्रदर्शित कर सकता है, क्योंकि उसके पास सामाजिक स्थितियों में अप्रत्याशित व्यवहार के उदाहरण हैं। इस लेखक के लिए बाहरी समायोजन और लोग मुख्य रूप से अपने कार्यों के प्रति उसके दृष्टिकोण को निर्धारित करते हैं क्योंकि वह स्वीकार किए जाने से अस्वीकार किए जाने की भावनाओं से ढुलमुल हो सकता है। वह अपनी आंतरिक आशंकाओं और आशंकाओं को छिपाने के लिए नाटकीयता, प्रकल्पित प्रभाव और झांसे का भी सहारा ले सकता है।

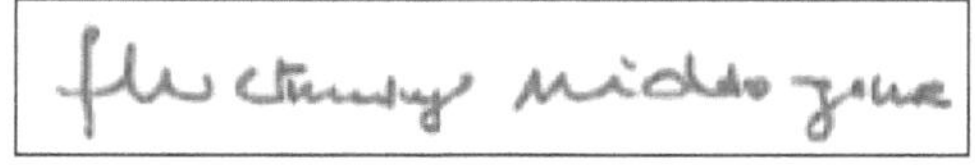

निचला क्षेत्र (Lower Zone): निचले क्षेत्र का संबंध सांसारिकता, जैविकता और आदिम अनिवार्यताओं, शारीरिक गुणों, भौतिकता और विषयासक्तता से होता है। यदि निचला क्षेत्र असाधारण रूप से लंबा है तो यह अचेतन की गहराई में रुचि को दर्शा सकता है। एक अच्छी तरह से विकसित निचला क्षेत्र स्वस्थ विषयोन्मुख और भौतिक अभियान का प्रतीक है।

छोटा निचला क्षेत्र (Small Lower Zone): छोटे निचले क्षेत्र वाला व्यक्ति एक स्वतंत्र दृष्टिकोण रखता है और आम तौर पर शरीर और उसकी मांगों की उपेक्षा करता है। यह व्यक्ति सहज वृत्तियों और भौतिक गतिविधियों में शामिल होना पसंद नहीं करता है। यह इंद्रिय सुखों को तलाश करने में रूचि नहीं रखता है। भौतिक सुखों और यौन कल्पनाओं के प्रति अदूरदर्शी दृष्टिकोण रखता है।

लंबा निचला क्षेत्र (Long Lower Zone): लंबे निचले क्षेत्र वाला लेखक एक उत्तेजित और अधीर व्यक्तित्व है, एक नियमित जीवन से विमुख है और हमेशा बदलाव और विविधता के लिए तरसता है। वह धन,संग-साथ व भौतिक सुखों को पाने के लिये लगनपूर्वक लगा रहता है। वह संकीर्णता और स्वच्छन्द यौन व्यवहार, दोनों ही प्रवृत्तियों से परिपूर्ण होता है। वह जिम के प्रति समर्पित एक उत्साही खिलाड़ी हो सकता है या अन्य कठिन शारीरिक चुनौतियों का पालन कर सकता है। उसकी मानसिक एकाग्रता खराब है क्योंकि वह इस भौतिक दुनिया में इंद्रिय सुख चाहता है। वह सामाजिक संरचना में ठाठ बाट, आकर्षक स्थानों और दैहिक संतुष्टि प्रदान करने वाली चीजों में विविधता का आनंद लेता है। इस व्यक्ति के पास पर्याप्त भूख है और वह खानेदृपीने (शराब) और सेक्स या ड्रग्स में अत्यधिक रूप से लिप्त हो सकता है।

संकीर्ण निचला क्षेत्र (Narrow Lower Zone): एक संकीर्ण निचले क्षेत्र वाले लेखक की भौतिक व सांसारिक आवश्यकतायें परिष्कृत व उन्नत होती हैं। उसका चयन और विकल्प परिष्कृत होते हैं, क्योंकि वह भौतिक धरातल पर काम करने के लिए एक निर्धारित ढांचे का चयन करता है। वह परिचित और स्थापित प्रतिमानों से

कोई विचलन नहीं दिखाता है और जीवन की पहेलियों को हल करने के लिए अपनी सरलता का उपयोग करता है।

अधूरा निचला क्षेत्र (Unfinished Lower Zone): अधूरे निचले क्षेत्र वाला लेखक अपने पिछले अनुभवों का वर्तमान में तालमेल बिठाने में विफल रहता है। उसके गलती करने की संभावना है, और शुरू की गई किसी भी परियोजना का पालन करने और उसे पूरा करने में कमजोर होता है।

औसत आकार का निचला क्षेत्र (Average Sized Lower Zone): औसत निचले क्षेत्र वाले लेखक के पास मध्यम से औसत दर्जे का ऊर्जा स्तर और एक विनियमित भौतिक सकर्मकता होती है। वह अपनी सीमित परिसम्पत्तियों के सहारे ही काम करता है और अपने चुने हुए क्षेत्र में अपने प्रयासों के अनुरूप अपने शारीरिक या भौतिक पारिश्रमिक को प्राथमिकता देता है।

छोटी कुंडली युक्त निचला क्षेत्र (Short Looped Lower Zone): छोटी कुंडली युक्त निचले क्षेत्र वाला लेखक भौतिक और इंद्रिय सुखों के मोर्चों पर स्वभाव से नाजुक मिजाज होता है। उसके मित्रों की संख्या सीमित होती है। उसकी रुचियाँ और प्राथमिकतायें निश्चित और विशिष्ट होती हैं। वह आम तौर पर दूसरों के प्रति अविश्वासी, शंकालु और आशंकित होता है और अपनी बातचीत में असामाजिक हो सकता है।

दोहराव युक्त निचला क्षेत्र (Retraced Lower Zone): दोहराव युक्त निचले क्षेत्र वाला लेखक अपने कल्पना - संसार, मौलिकता और संसाधनपूर्णता को सीमित कर लेता है। इसका कारण उसके भीतर व्याप्त आत्म-संदेह व असुरक्षा की भावना है जिसके चलते उत्पन्न आशंका और अविश्वास के कारण ऐसा होता है। अतीत के कुछ भयावह और अप्रिय अनुभवों के चलते उसके द्वारा यौनेच्छाओं का दमन प्रदर्शित करने की संभावना होती है। लेखक में आत्मविश्वास की कमी के गंभीर लक्षण भी हैं और वह दूसरों के इरादों के प्रति अत्यधिक सावधान और संदिग्ध है।

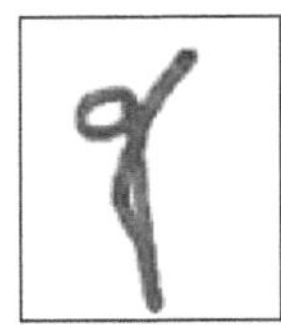

विचलित निचले क्षेत्र वाला (Divergent Lower Zone): विचलित निचले क्षेत्र वाला लेखक पथभ्रष्ट, भिन्न दृष्टिकोण वाला, अनैतिक और असामान्य भौतिक और यौन प्रवृत्तियों को प्रदर्शित करता है। यह विशेष लेखक हमेशा जाल बिछाने, योजना बनाने और षड्यंत्र रचने में लगा रहता है। वह एक असामाजिक, अमित्र, अविवेकी, स्वार्थी और विघटनकारी व्यक्तित्व है। इस लेखक का एक मानसिक तल है जो सामान्य सामाजिक और अपेक्षित मानदंडों से भिन्न है क्योंकि वह विकृत गुंडागर्दी, अनैतिक अपराधी, असामाजिक और आपराधिक प्रवृत्तियों को आश्रय दे सकता है।

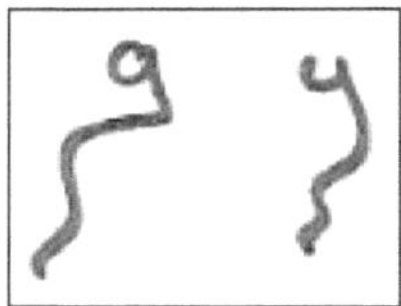

अध्याय - 4

लिखावट के विभिन्न आकार (Size)

सार्वजनिक दृश्यता की मात्रा (Degree of Visibility in Public)

सामान्य जानकारी

लिखावट के आकार को समझने और वर्गीकृत क़रने के संबंध में यांत्रिकी यह है कि यह छोटे आकार की लिखावट, मध्यम आकार की लिखावट या बड़े आकार की लिखावट हो सकती है।

बड़े आकार की लिखावट (Large Size Writing): बड़ी लिखावट वाला लेखक बहिर्मुखी, आत्मविश्वासी, ऊर्जावान, निर्भीक और आक्रामक होता है। वह बड़ा देखता है और बड़ा सोचता है। प्रेरणा से ओतप्रोत होता है। उसमें नेतृत्व के गुण होते हैं। वह ध्यान आकर्षित करता है और पहचान कायम करने की लालसा रखता है। वह मुखर, मिलनसार, व उद्दाम होता है। उसका ज्ञान आम तौर पर कम होता है क्योंकि उसके पास अंतर्दृष्टि की कमी होती है।

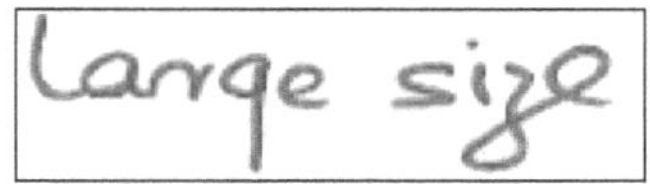

मध्यम आकार की लिखावट (Medium Size Writing): मध्यम आकार की लिखावट वाला लेखक बड़े व छोटे आकार की लिखावट वाले लेखकों की तुलना में मध्यम पथ का अनुसरण करता है। वह सुरक्षित और रूढ़िवादी है। निर्धारित परंपरागत नियमों का पालन करता है। एक पारंपरिक दृष्टिकोण रखता है। अपरिवर्तनवादी (अनुरूपवादी), अनुकूलनीय और एक संतुलित दृष्टिकोण से सम्पन्न है। व्यावहारिक है और जीवन के प्रति यथार्थवादी दृष्टिकोण रखता है। वह सावधान है। ध्यान केन्द्रित का उसका स्तर मध्यम श्रेणी का है। उसका झुकाव मानसिक और शैक्षणिक उद्देश्यों की ओर है।

छोटे आकार की लिखावट (Small Size Writing): यह लेखक जीवन को सूक्ष्मता से देखता है और अपने प्रभाव क्षेत्र के बाहर के लोगों और घटनाओं में बहुत कम रुचि रखता है। वह एक विश्लेषणात्मक और तीक्ष्ण विचार प्रक्रिया से संपन्न है। अनासक्त है और केवल उन चीजों में रुचि रखता है जो उसकी व्यक्तिगत आकांक्षाओं या हितों को प्राप्त करने में सहायक हैं। उसके पास गहरी एकाग्रता है, वह धैर्यवान है और अपने काम में सटीकता दिखाता है। वह खोजी है, सामाजिक जीवन में सूक्ष्म विवरणों पर ध्यान देता है। वह कार्य के प्रति गहरी अभिरुचि से सम्पन्न है। वह धैर्यवान है और उसके द्वारा सम्पन्न कार्य में सटीकता है। वह खोजी प्रवृत्ति का है, विवरणों की बारीक पड़ताल करता है। सावधानी पूर्वक विश्लेषण करने वाला, संपूर्ण, संयमित है। साधन संपन्न होने के बावजूद खर्च करने में अनिच्छुक रहता है। वह ज्यादा प्रचार और प्रसिद्धि नहीं चाहता। संगठनात्मक कौशल में निपुण हैं और परिष्कृत कार्यकारी क्षमतायें रखता है।

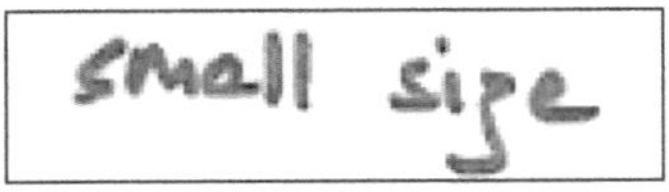

बेहद छोटे आकार की लिखावट (Extremely Small Writing): यह विशेष लेखक स्वयं को बाहरी दुनिया और बाकी सब चीजों से पूरी तरह से अलग, छुपा कर और झाँपा हुआ रख लेना चाहता है। इस व्यक्ति के लिए, उसका काम या पेशा शुरुआत और अंत है, खुद से पलायन है क्योंकि वह बहुत अंतर्मुखी और पीछे हटने वाला है। वह अपनी विचार प्रक्रिया में एक स्थिर, जुनूनी और कट्टर भी हो सकता है और बहुत ही संकीर्ण सोच वाला हो सकता है।

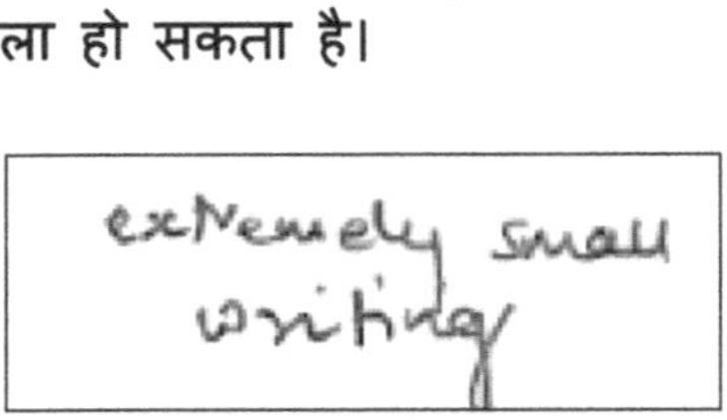

लिखावट में खाली जगह और चौड़ाई में विविधता का पाया जाना (Spacing and Width Variation in Writing): लिखावट में स्थान और चौड़ाई की विविधताओं वाला लेखक अपनी रुचि, महत्वाकांक्षाओं और आकांक्षाओं के संबंध में भ्रमित है।

वह मानसिक हताशा प्रदर्शित करता है और आंतरिक या बाहरी संघर्षों के कारण अनावश्यक रूप से तनावग्रस्त, चिंतित, चिड़चिड़ा और तनावग्रस्त हो सकता है।

Spacing variation

लिखावट के आकार में विविधता (Variation in Size of Writing): आकार भिन्नता व्यक्ति के जीवन में उसके व्यवसाय या चुने हुए क्षेत्र में अनुत्तरित प्रश्नों को इंगित करती है क्योंकि उसके दिमाग में बड़े पैमाने पर पेशेवर या व्यक्तिगत संघर्ष हो सकते हैं।

Variation in Size

अध्याय - 5

लिखावट में तिरछापन (Slants)

भावनात्मक अभिव्यक्ति
(Emotional Expression)

लिखावट में तिरछापन (Slants): लिखावट में तिरछापन भावनात्मक अभिव्यक्ति की मात्रा को आँकने का एक पैमाना है। तिरछापन विभिन्न प्रकार का हो सकता है। हालांकि, इसे आम तौर पर तीन व्यापक श्रेणियों में बांटा जा सकता है: बायीं ओर तिरछा, लंबवत तिरछा और दाहिनी ओर तिरछा होता है।

उर्ध्वाधर या लम्बवत तिरछापन (Vertical Slant): उर्ध्वाधर तिरछापन लिये लिखावट वाला व्यक्ति आत्मनिर्भर, आत्मनिहित व बौद्धिक झुकाव लिये होता है। तर्क उसकी भावनाओं को नियंत्रित करता है। यह लेखक अपने तार्किक दृष्टिकोण से बाहरी घटनाओं और स्थितियों को नियंत्रित करता है और उच्च स्तर की दक्षता प्रदर्शित करता है। उसके अध्यारोही और शासी गुण (Overriding and governing traits) सम्मान, आत्म-सम्मान और गरिमा हैं। ऊर्ध्वाधर तिरछी लिखावट वाले लेखक की सकारात्मक विशेषता यह है कि वह आत्म-संरचित, दूरदर्शी, अविचलित और सतर्क होता है। इस लेखक की नकारात्मक विशेषताएं यह हैं कि वह ठंडा, भावनाहीन, बेपरवाह, उदासीन, अहं-केंद्रित, भावशून्य और दबंग हो सकता है।

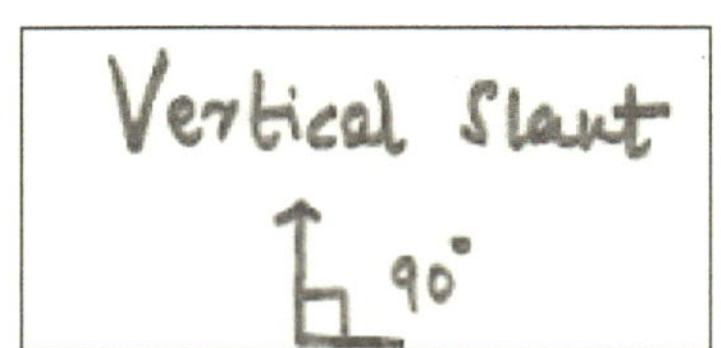

बायीं ओर तिरछापन (Leftward Slant): बायीं ओर तिरछा लिखने वाला लेखक सतर्क, संदिग्ध, एकांतिक, ठंडा, गैर-संवादात्मक, स्नेह एवं मित्रता के भाव से रहित, अव्यक्त तथा असंवेदनशील होता है। वह अतीत में जीता है। एकाकी है। दमनकारी व्यवहार प्रदर्शित करता है। भावनात्मक बुद्धि कौशल या दक्षता कम है। शर्मीला, संकोची, भयभीत, चिंतित है और ज़िंदगी की कटु सच्चाईयों का सामना करने से बचता है। वामपंथी तिरछे लेखकों की सकारात्मक विशेषताएं हैं:

आत्म-विजय, आत्मोत्सर्ग, आत्मविश्लेषण और गैर-अनुरूपता। बायीं ओर तिरछे लेखन वाले लेखक की नकारात्मक विशेषताएं यह हैं कि उसके विद्रोही, प्रतिरोधी, कृत्रिम, रूखा, भयभीत, शैतान के वकील की भूमिका निभाने वाला, घमंडी और दमित होने की संभावना रहती है।

बायीं ओर नियंत्रित तिरछा (Controlled Left Slant): यह विशेष लेखक स्वतंत्र, अंतर्मुखी, ठंडे, असंबद्ध और बेपरवाह के रूप में देखा जाता है। वह मिलनसार नहीं है। आत्मनिर्भर है। उसके रिश्ते उसकी आवश्यकताओं पर आधारित हैं और और उसकी व्यक्तिगत पसंद के अनुसार हैं। उसके व्यवहार और दृष्टिकोण में भी भेदभाव रहता है।

बायीं ओर अत्यधिक झुकाव (Extreme Left Slant): यह विशेष लेखक आम जनता और भीड़ में असहज महसूस करता है। वह सामाजिक गतिविधियों से दूर रहता है और उन्हें केवल नापसंद ही नहीं करता है बल्कि उन्हें अप्रिय, अवांछित और कष्टप्रद भी समझता है। इसका सामाजिक और सामुदायिक जीवन मामूली या घटिया होता है। वह भयाक्रांत रहता है कि उसके कारण दूसरों को पीड़ा और आघात पहुँच सकता है। उसे सार्वजनिक अस्वीकृति की आशंका भी रहती है क्योंकि वह अवांछित, तिरस्कृत और अनभीष्ट (अप्रिय) महसूस करता है। इस की कुछ सकारात्मक विशेषताएं यह हैं कि वह स्वतंत्र, रहस्यमय और अलग-थलग है। इस लेखक की नकारात्मक विशेषताएं यह हैं कि उसका साथ मिलना मुश्किल है। वह टालमटोल करने वाला, अहं-केंद्रित, विमुख और विरक्त है।

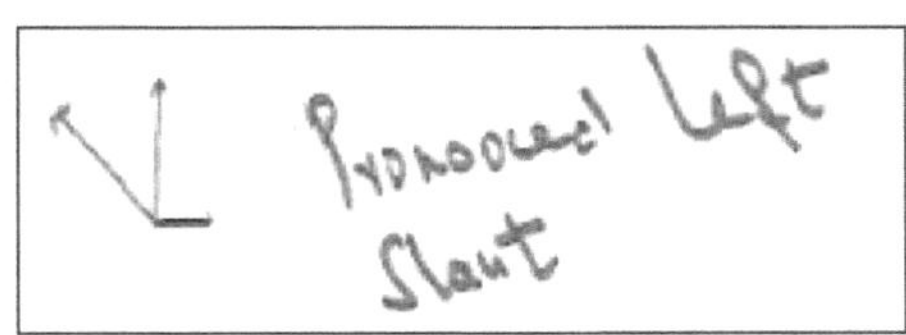

दाहिनी ओर तिरछापन या झुकाव (Rightward Slant): इस विशेष प्रकार का लेखक बहिर्मुखी, गर्मजोशी से भरा, मिलनसार, संवेदनशील और भविष्योन्मुखी होता है। वह अपनी भावनाओं को अभिव्यक्त करता है। वह अभिव्यंजक, स्नेही, सौहार्दपूर्ण, दयालु, साहसी, सहानुभूतिपूर्ण और लोक प्रिय व्यक्ति है। इस लेखक के सकारात्मक लक्षण हैं: सामाजिक, सहज, प्यार करने वाला, परोपकारी, आशावादी, जिज्ञासु, सहृदय और संवेदनशील। दाहिनी ओर तिरछे लेखक की नकारात्मक विशेषताएं हैं: नियंत्रण की कमी, अनुशासनहीन, बेचैन, अति-मुखर, वाचाल, आक्रामक, सामान्यता और अनुरूपता।

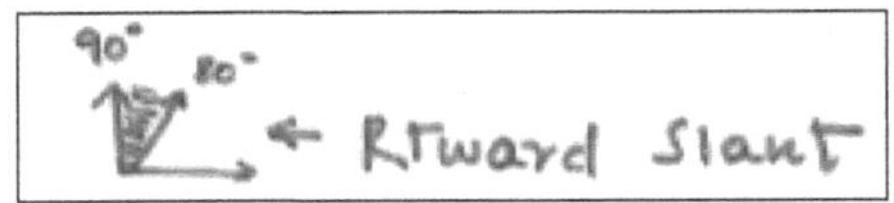

दाहिनी ओर नियंत्रित तिरछा (Controlled Right Slant): यह विशेष लेखक दूसरों के साथ अच्छा व्यवहार रखता है। वह अपने स्वयं के विचारों के साथ-साथ दूसरों के विचारों के प्रति न सिर्फ रुचि रखता है बल्कि चौकस भी है। अपने व्यवहार में वह सहृदय और स्नेही है। उसका मन अपने तर्क से नियंत्रित होता है न कि भावनाओं से।

दाहिनी ओर अत्यधिक तिरछापन (Extreme Right Slant): इस खास तरह के लेखक की भावनायें व आवेग उसके द्वारा लिये जाने वाले निर्णयों को प्रभावित करते हैं। उसकी प्रतिक्रियाएँ कम तार्किक हैं और भावनात्मक खिंचाव द्वारा संचालित हैं। वह बेचैन, आवेगी, उत्तेजनीय, स्नेही और सहानुभूतिपूर्ण है। वह प्रशंसा व चापलूसी पसंद करता है। वह अकेले रहना पसंद नहीं करता। ध्यानाकर्षण चाहता है। अत्यधिक असुरक्षित महसूस करता है। वह अपनी सनक, पसंद और अपने मिजाज के अनुसार प्रतिक्रिया करता है। उसकी पसंद - नापसंद, लगाव व द्वेष में कोई बदलाव नहीं हो सकता। उसके व्यवहार का अनुमान नहीं लगा सकते। वह बहिर्मुखी है। उसका व्यवहार अप्रत्याशित होता है। वह दूसरों को कोई विकल्प नहीं दे सकता है और स्वेच्छा से अपने संकल्प का पालन करता है। वह बिना किसी उचित विचार के कार्यों और गतिविधियों में जल्दबाजी करता है। इसलिये वह भावनात्मक और शारीरिक रूप से थक जाता है। वह अधीर और परेशान होता है

क्योंकि वह तत्काल संतोषजनक परिणाम चाहता है। उसके लक्ष्य अल्पकालिक होते हैं। इस लेखक की सकारात्मक विशेषता यह है कि वह उत्साही, स्नेही, मिलनसार, संवेदनशील, गतिशील और स्फूर्त है। ऐसे लेखक की नकारात्मक विशेषतायें हैं: अतिसंवेदनशील, ईर्ष्यालु, अत्यंत भावुक, लापरवाह, उन्मादी और आसानी से कुपित होने वाला है।

भिन्नता लिये हुए तिरछापन (Slant Variation): इस प्रकार के लेखक समझदार नहीं होते हैं और उनमें बहुत सारे आंतरिक संघर्ष होते हैं। इस प्रकार का लेखक आंतरिक उथल-पुथल से ग्रस्त होता है और प्रतिस्पर्धी भावनाओं और चपलता का परिचायक है। वह अपने गुरुत्व के केंद्र व संतुलन को खोजने का प्रयास करता है और अपनी मनोदशा के आधार पर लोगों पर भरोसा या अविश्वास कर सकता है। वह मन और मस्तिष्क के बीच बहता है। वह बहुमुखी प्रतिभा से सम्पन्न, प्रभावशाली, जीवंत एवं विविध रुचियों वाला होता है। वह परिवर्तन और विविधता पसंद करता है। वह अलग-अलग भावनाओं की टेढ़ी - मेढ़ी गलियों में विचरण करता है। अत्यधिक अप्रत्याशित व्यवहार का प्रदर्शन भी करता है।

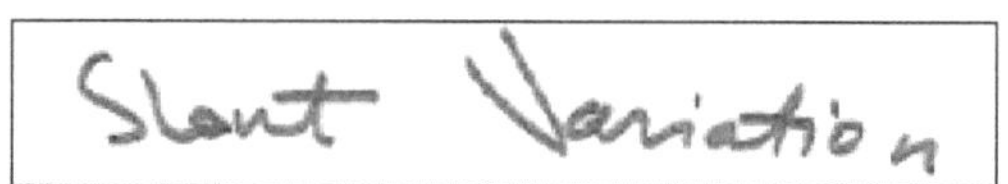

अत्यधिक विविधता लिये हुए तिरछापन (Extreme Variation in Slant): इस विशेष प्रकार के लेखक की बाहरी वातावरण पर अत्यधिक निर्भरता होती है। वह उतार-चढ़ाव वाली स्थितियों को प्रदर्शित करता है और अचानक भावनात्मक विस्फोट करता है। अत्यधिक अप्रत्याशित व्यवहार करता है। भावनात्मक रूप से पस्त और हारा हुआ है। प्रचलित भावनाओं के अनुसार अति-उत्साहित या उदास हो जाता है। वह तार्किक रूप से बिना सोचे समझे प्रतिक्रिया करता है। हो सकता है कि उसके पास एक कट्टर और अनैतिक दृष्टिकोण हो, क्योंकि उसकी भावनाएं तार्किक दिमाग पर पूरी तरह से हावी हैं।

अध्याय - 6

संयोजन (Connections)

पारस्परिक कौशल (Interpersonal Skills)

संयोजन (Connections): लिखावट आपस में संयोजित (ब्वददमबजमक) भी हो सकती है और नहीं भी हो सकती है। संयोजित लिखावट का संबंध भावनात्मक अभिव्यक्ति से जुड़ा है, जबकि लिखावट के संयोजित न होने का संबंध अवरोधों और मनोग्रन्थि से है। संयोजन बाँधने और एक साथ लाने की प्रवृत्ति है। संयोजन की सकारात्मक विशेषताएं हैं: लोगों से जुड़ना, एक आनुमानिक मस्तिष्क, तार्किक दृष्टिकोण, स्थिरता, योजना और अमूर्त सोच। संयोजन की नकारात्मक विशेषताएं हैं: गैर-मौलिक, खराब प्रतिबिंब, रचनात्मकता की कमी और सतहीपन। संयोजनहीनता यानी असंबद्धता विच्छिन्न करने, अलग करने और मनन करने की प्रवृत्ति है। इस की सकारात्मक विशेषताएं सहजता, अवलोकन, आविष्कारशील, सावधानी और चिंतन हैं और नकारात्मक विशेषताएं हैं: निषेध, अतार्किक, अप्रत्याशित और ठंडापन।

संयोजन के प्रकार:

मालानुमा और गोलाकार लिखावट (Garland and Rounded writing): माला अंग्रेजी के 'यू' (U) जैसे नमूने वाली होती है, यह कुछ स्थानों पर हो सकती है य जैसे कि दो अक्षरों के बीच। मालाओं को छोटे अक्षर m's और n's पर मापा जाता है। इस प्रकार का लेखक मिलनसार, अनुकूलनीय, लचीला, शांत, संजीदा, टकराव से बचने वाला, शालीन, आकर्षक, ग्रहणशील और जोशीला होता है। वह सौम्य स्वभाव वाला, लचीला, कूटनीतिक, आनंद चाहने वाला, मिलनसार, दयालु, सहयोगी, सहानुभूति रखने वाला है। नियम का पालन करने वाला और आज्ञाकारी होता है। वह विशेष रूप से मेहनती नहीं है और अनावश्यक रूप से आकांक्षी नहीं है। उसके पास एक संचयी विचार प्रक्रिया है, दूसरों को खुश करने की इच्छा है। वह मिलनसार, व धैर्यवान है। देखने में रुचि रखता है। वह निष्क्रिय, उदासीन, आलसी व भोला है पर अपनी स्वीकृति चाहता है। वह असुरक्षित महसूस करता है।

उसमें संयम का अभाव है। वह लुभावना है। दूसरों को मौखिक द्वंद्व में जीतने की अनुमति देता है। सुरक्षा और सद्भाव बनाए रखने के लिए अपने व्यक्तित्व का त्याग करता है। मालानुमा लिखावट वाले लेखकों की आकर्षित करने वाली सकारात्मक विशेषताएं हैं कि वे उत्तरदायी तथा खुले होते हैं। वे ग्रहणशीलता, ईमानदारी, स्पष्टवादिता, अनुकूलनशीलता, सामाजिक सहजता, गर्मजोशी, सहानुभूति देने की इच्छा और भक्ति प्रदर्शित करते हैं। उनकी प्रमुख नकारात्मक विशेषताएं हैं: आरामतलब तथा प्रतिबद्धताओं से बचते हुए बहुत आसानी से चलने वाले होते हैं। उनमें दृढ़ता की कमी होती है। दूसरों पर निर्भर रहते हैं। आसानी से प्रभावित हो जाते हैं। अनुशासनहीन और कमजोर इच्छाशक्ति वाले होते हैं।

उथली या दिखावे की मालायुक्त लिखावट (Shallow or Sham Garlands in writing): जब लेखक की लिखावट में उथली माला होती है तो उसके व्यक्तिगत संबंधों में गहराई की कमी होती है और वह कम- से- कम प्रतिरोध का मार्ग अपनाने वाला होता है। उसकी इच्छाशक्ति कमजोर होती है और वह आलसी भी होता है।

लिखावट में बहुत सी मालाएँ (Too Many Garlands in Writing): जब किसी लेखक की लिखावट में बहुत अधिक मालाएँ होती हैं तो यह दिखावे के रूप में बिखेरी जा रही नकली मुस्कान के समान होता है। यह विशेष व्यक्ति उदारता की हवा बनाने के लिए बहुत कठिन प्रयास करता है, मित्रता का दिखावा करता है और उसे शर्मसार करता है। नकली साहचर्य को आश्रय देता है।

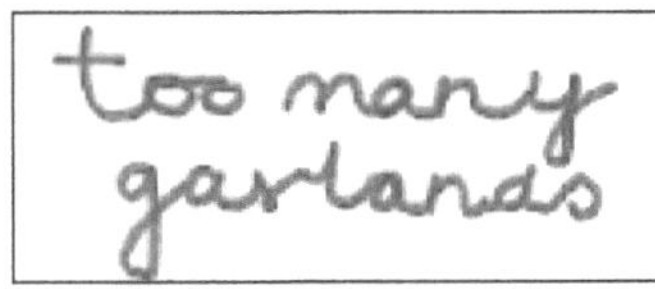

तोरण की तरह आच्छादित लिखावट (Arcade Writing): लिखावट में तोरण या मेहराब के आकार के पैटर्न होते हैं जैसे लकड़ी की बाड़ के खंभे के ऊपर बने होते हैं। वे सावधानी व अस्तित्व का प्रतिबिंब हैं लेकिन इसके साथ ही वे कुछ घुमावदार गतियां लिये हुए होते हैं। इस प्रकार अनुग्रह और जोशीलेपन का तत्व उनमें मौजूद रहता है। यह विशेष लेखक अपने अधीनस्थों को संगठनात्मक सहायता प्रदान करता है, आश्रय देता है व उनकी रक्षा करता है। इस प्रकार अपने बहुत कुछ की रक्षा करता है, संरक्षित है। वह सुरक्षात्मक है। अपनी छत्रछाया में सभी को सुरक्षा प्रदान करता है। उसका दृष्टिकोण संयमित और स्मरण शक्ति अच्छी है। बोलने से पहले सोचता है व अपने दम पर तथ्यों की जांच करता है। वह मौलिक, अभिनव, आत्म-अनुशासित और अपने माहौल के अनुकूल होता है। वह बीच - बचाव करने वाला, सतर्क, चिंतनशील, अंतर्मुखी, संयमित, आत्मनिर्भर, अथाह, कलात्मक, आडंबरपूर्ण, अभिमानी और अविश्वासी है। उथले तोरण वाली लिखावट पाखंड और ठग के संकेतों को दर्शाता है। दृढ़ता से बने तोरण के आकार की लिखावट वाले आत्म-नियंत्रण, भावनाओं के दमन और उन्हें प्रदर्शित करने में हिचकिचाहट को दर्शाते हैं।

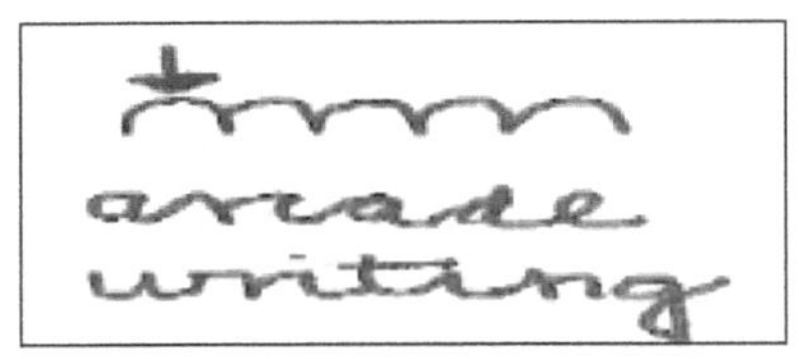

कोणीय यानी कोनेदार लिखावट (Angular Writing): कोनेदार लिखावट वाला व्यक्ति (कोणीय बिंदु जो m's, n's, और h's के ऊपर पाया जा सकता है) तेज, जिद्दी, अडिग और समझौता न करने वाला होता है। वह दृढ़, संकल्पवान, अटल, दृढ़ इच्छाशक्ति वाला, गतिशील, अदम्य भावना के साथ चुनौतियों का सामना करने वाला होता है। अत्यधिक प्रतिस्पर्धी, आक्रामक व मेहनती होता है। एक बार जब वे अपना मन बना लेते हैं तो वे रास्ता नहीं बदलते। स्वतंत्र कैरियर में अच्छा करते हैं। ये रणनीतिकार, शोधकर्ता, खोजी और अन्वेषक स्वभाव के होते हैं। इनके काम करने के अपने नियम होते हैं। अधीर और आवेगी होते हैं। बाहरी हस्तक्षेप पसंद नहीं करते। विचार की स्वतंत्रता, मजबूत राय, एक त्वरित और विश्लेषणात्मक विचार प्रक्रिया से सम्पन्न होते हैं। स्वभाव से आलोचनात्मक, तर्कशील, महत्वाकांक्षी, अपनी शर्तों पर परिणाम चाहने वाले, सशक्त और दृढ़ संकल्प वाले होते हैं। ऐसी लिखावट वालों की सकारात्मक विशेषताएं निर्णायक होती हैं। वे निर्णायक, उद्देश्यपूर्ण, प्रत्यक्ष, तीक्ष्ण, वैज्ञानिक, तार्किक, वस्तुनिष्ठ, दृढ़, विश्वसनीय, दृढ़निश्चयी, ईमानदार, कर्तव्यपरायण, नैतिक, आलोचनात्मक, मर्दाना

होते हैं। उन की नकारात्मक विशेषताएँ हैं: घमंडी, कट्टर, समझौता न करने वाले, नकारात्मक, नैतिक, ठंडे, कठोर और तर्कशील। उभरी हुई कोणीयता दर्शाती है कि लेखक नई चुनौतियों और स्थितियों के लिए अभ्यस्त नहीं होता।

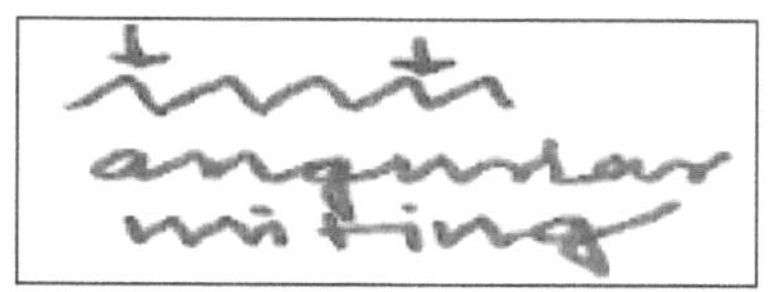

आपस में गुंथे हुए अक्षरों वाली घसीटा युक्त लिखावट (Thready and Scrawled - Writing): इस प्रकार की लिखावट एक विलक्षण या उच्च बुद्धिमत्ता वाला व्यक्ति होने का संकेत हो सकती है। घसीटायुक्त लिखावट के आपस में गूँथे हुए अक्षर व शब्द लेखक की विशेष क्षमता और प्रवृत्तियों, औसत से ऊपर बुद्धि, अनुकूलन क्षमता, कूटनीति और अन्य प्रतिभाओं को इंगित करते हैं। इस लेखक के पास एक मौलिक और स्वतंत्र विचार प्रक्रिया है। त्वरित और बहुमुखी है। जल्दबाजी और अधीरता दिखाता है। परम्परा विरोधी है। क्रोध को आश्रय देता है, तथ्यों को छुपाता है। टालमटोल करता है। दूसरों की राय की परवाह नहीं करता। केवल काम पूरा करने पर ध्यान केंद्रित करता है। व्यापक दिमाग वाला, संवादात्मक, बोधगम्य, अनुकूलनीय, लापरवाह और उदासीन है। संचार में रुचि की कमी है। बकवास पसंद नहीं करता। उसे इस बात की परवाह नहीं है कि दूसरे उसे समझते हैं या नहीं। भावनाओं को दबाये रखने से नफरत करता है। आगे दौड़ता है। हड़बड़ी सिंड्रोम प्रदर्शित करता है और एक बहुआयामी दृष्टिकोण रखता है। वह लचीला, अनुकूलनीय, सहज और अंतर्दृष्टिपूर्ण है। दूसरों के विचारों को पकड़ लेता है, जबकि वह स्वयं रहस्यमय, अस्थिर व अप्रत्याशित, रचनात्मक और मौलिक रहता है। वह आंतरिक गोपनीयता और एकांत, अकेलापन और स्वतंत्रता पसंद करता है।

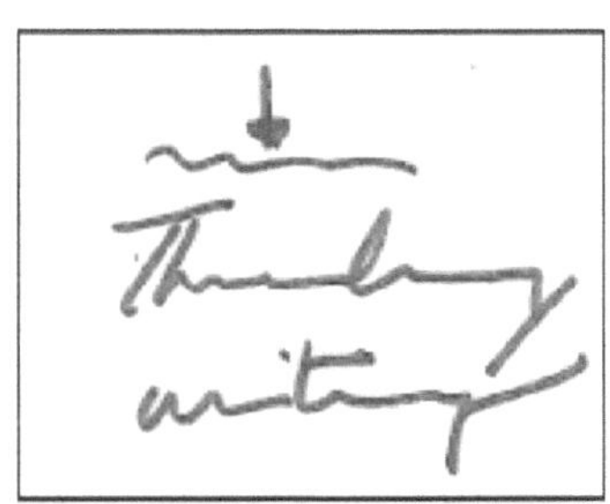

मुद्रण लिपि लिखावट (Printa Script Writing): इस तरह की लिखावट करने वाला व्यक्ति अक्षरों को जोड़ता ही नहीं है। यह विशेष लेखक अपने सच्चे स्व को

छुपाता है। वह कपट पूर्ण, सहज ज्ञान युक्त, चुस्त और बहुमुखी है। वह सोचने का तरीका आसानी से बदलता है। तेज है। भावनात्मक अलगाव पसंद करता है। कलात्मक है।अनुशासित है। अपने व्यक्तित्व के आंतरिक भावनाओं और पहलुओं को छुपाता है। एकाकी है। अपने स्वभाव से स्वतंत्र और अलग है।

printa script

नीरस लिखावट (Monotonus Writing): यह विशेष लेखक स्नेहमयी व्यक्ति है। अपने विचारों और कार्यों में कड़ापन और दोहराव लिये हुए है। बुझा - बुझा सा रहने वाला और भावना हीन व्यक्ति है, जिसके पास अपनी कोई सोच न होने व सुस्त होने के कारण अपने अधिकांश कार्यों को करने के लिए एक निर्धारित ढर्रा है।

monotonous
writing

खाली जगह छोडना या रिक्ति (Spacing): रिक्ति दो प्रकार की होती है, प्राथमिक और द्वितीयक। प्राथमिक रिक्ति अक्षरों के भीतर की चौड़ाई है और द्वितीयक रिक्ति दो अक्षरों के बीच की चौड़ाई है। शब्द अक्षरों और उनके संयोजन से बने होते हैं। घने अक्षर संकीर्णता व निर्भरता और अकेले खड़े होने में असमर्थता का संकेत हैं। चौड़ी रिक्ति बहिर्मुखता को इंगित करती है लेकिन यह धन और संसाधनों की फिजूलखर्ची को भी दर्शाती है। यदि रिक्ति असमान है, तो यह भावनात्मक उथल-पुथल का संकेत देता है। एक बड़ी माध्यमिक चौड़ाई एक रचनात्मक एवं सरल व्यक्तित्व को दर्शाती है जो अपने अगले उद्देश्य को प्राप्त करने के लिए अधीर है। अधिक माध्यमिक रिक्ति या चौड़ाई के साथ सकारात्मक विशेषताएं हैं: सहजता, उद्यम, जीवन शक्ति, उत्साह, वीरता, उद्देश्य उन्मुख, सामाजिक रूप से अभिव्यंजक होना हैं। नकारात्मक विशेषताएं हैं: उन्मादी, बेहिचक, अनियंत्रित, लापरवाह, लापरवाह, त्रुटिपूर्ण, बातूनी और मायावी होना।

शब्दों के बीच सामान्य रिक्ति या खाली जगह (Normal Spacing between Words): यह लेखक संतुलित है। दोस्त बनाने और दूसरों के करीब रहने की अच्छी क्षमता रखता है। स्वभाव से काफी लचीला, यह लेखक दूसरों के साथ पर्याप्त शारीरिक और मानसिक संपर्क पसंद करता है। वह अनुकूलनीय है और अच्छे पारस्परिक संबंध बनाए रखता है। उसके पास अच्छा संचार कौशल है। सहयोग

करने वाला तथा दखल न देने वाला है। बुज़दिल नहीं है। दूसरों को समय और स्थान देने के लिए शालीनता से पीछे हट जाता है।

Noormal spacing between words

शब्दों के बीच बहुत करीबी अंतर (Very Close Spacing between Words): यह लेखक संदिग्ध, सतर्क और अंतर्मुखी है। हालांकि, मानसिक गतिविधियों के लिए उस में अच्छी एकाग्रता है।

Very close spacing between words

संकीर्ण और अस्पष्ट दूरी (Narrow and Clouded Spacing): यह लेखक संकोची, अंतर्मुखी, आत्म-जागरूक, तनावग्रस्त व मितव्ययी है। मानसिक गतिविधियों पर एक अच्छी एकाग्रता रखता है।

Narrow and clouded spacing within words

तंग रिक्ति या खाली जगह (Squeezed Spacing): यह विशेष लेखक दूसरों को स्वयं की तुलना में अधिक समय और स्थान देता है। वह अक्सर दूसरों के लिए समानुभूति (empathy) महसूस करता है। निस्वार्थ और आत्म-त्याग करने वाला होता है। दया दिखाता है और स्वभाव से बड़े दिल होता है।

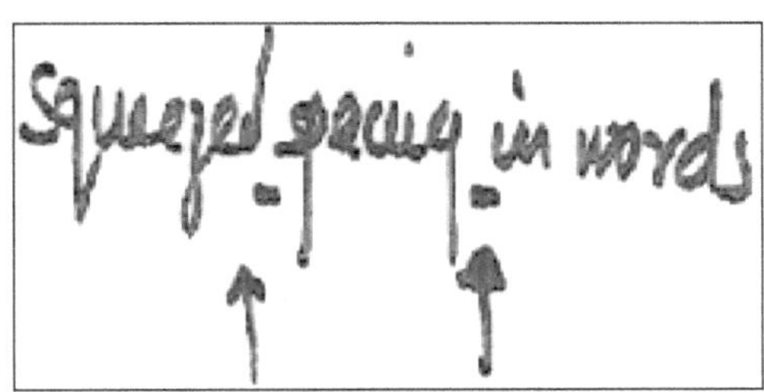

शब्दों के भीतर बहुत व्यापक रिक्ति यानी खाली जगह (Too Wide Spaces Within Words): जैसे ही रिक्त स्थान बहुत विस्तृत हो जाते हैं, लेखक शारीरिक

और मानसिक संबंध और दूसरों के साथ जुड़ाव की तलाश करता है। यदि रिक्ति बहुत विस्तृत है, तो यह किसी ऐसे व्यक्ति का संकेतक हो सकता है जो केवल आत्म-केंद्रित और समानुभूति के मामले में अपरिपक्व है। यह इस बात का परिचायक है कि वह शून्यता या अकेलेपन की भावना से ग्रस्त है और दूसरों के साथ जुड़ने में अवरोध महसूस करता है। इसके पीछे उसकी, अंतर्मुखता, शर्मीलापन और समयबद्धता के कारण हो सकते हैं। वह स्वार्थी है, ध्यान आकर्षित करने के लिए कराहता है और चिल्लाता है। अविवेकपूर्ण, हस्तक्षेप करने वाला और दबाव डालने वाला है। वह बिना पूछे सलाह और राय देता है।

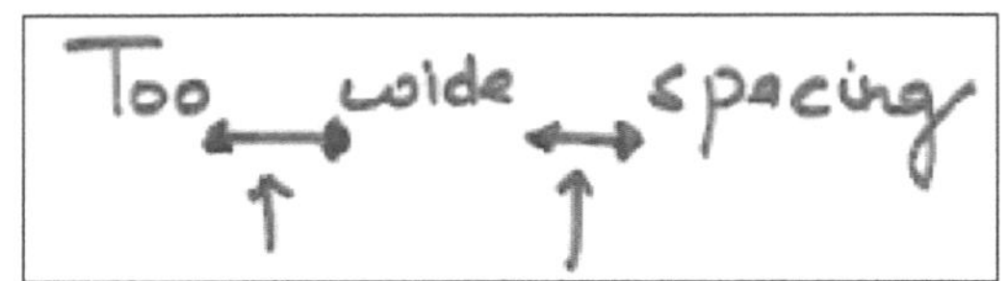

पंक्ति रिक्ति

उलझी हुई रेखाएं (Tangled Lines): उलझी हुई रेखाओं वाले व्यक्ति के पास समय नहीं होता है कि वह सोच - विचार कर सके या ध्यान आकर्षित कर सके। वह जितना पचा सकता है, उससे बहुत अधिक निगल लेता है। उसकी चल रही गतिविधियों और रुचियों को ले कर उस में संघर्ष और भ्रम होता है। उसे एक व्यस्त मधुमक्खी की संज्ञा दी जा सकती है, लेकिन परिणाम उसके प्रयासों के समवर्ती नहीं हो सकते हैं।

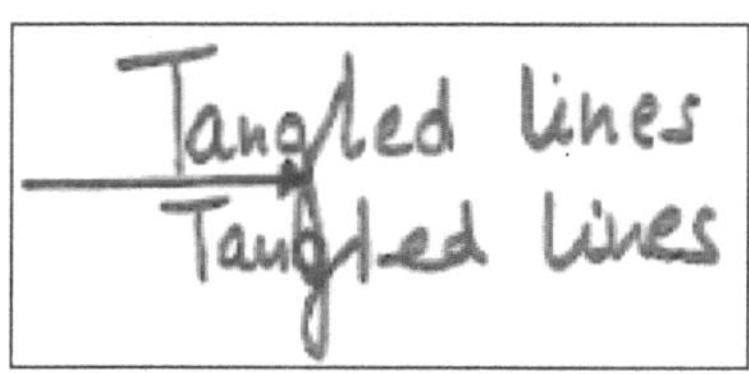

पंक्तियों के बीच औसतध्सामान्य रिक्ति (Average / Normal Spacing between Lines): यह लेखक अनुशासित, संगठित, चौकस और समझदार है। वह आगे की योजना बनाता है। अप्रत्याशित और अवांछित घटनाओं और स्थितियों के लिए भी तैयार रहता है। कठिन क्षणों में व्यवस्था और संयम बनाए रखता है। आपात स्थितियों में लचीला और अनुकूलनीय होता है और दूसरों के साथ व्यक्तिगत सद्भाव बनाए रखता है। वह अनिश्चितताओं के लिए लचीलापन और सहनशीलता दिखाता है और एक संतुलित स्वभाव रखता है।

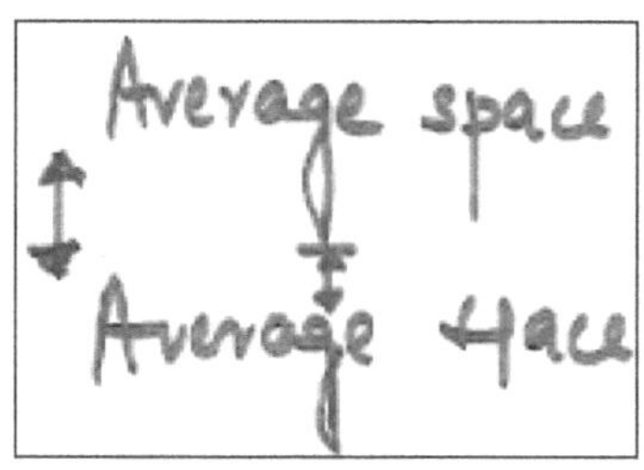

पंक्तियों में परस्पर अत्यधिक निकटता (Closed Spacing between Lines): यह लेखक लोगों और समाज के साथ घनिष्ठ संपर्क बनाए रखना पसंद करता है। यदि रिक्ति बहुत पास है तो इसका अर्थ है: एकाकीपन और दूसरों से दूर होने का डर। उसके पास विचार की स्पष्टता का अभाव है। हालाँकि, उनकी आत्म-अभिव्यक्ति ज़बरदस्त है।

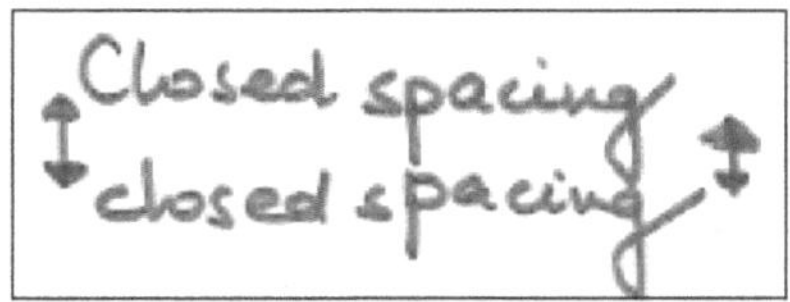

पंक्तियों के बीच ज्यादा रिक्ति या खाली जगह (Distance Spacing Between Lines): यह लेखक बहुत ज्यादा वस्तुनिष्ठ है। उदासीन और अलग दृष्टिकोण रखता है। वह अभिनय करने से पहले हर उपलब्ध विकल्प पर विचार करता है। यह लेखक अंतिम मिनट के उतार-चढ़ाव या जिम्मेदारियों के प्रति सहज नहीं है।

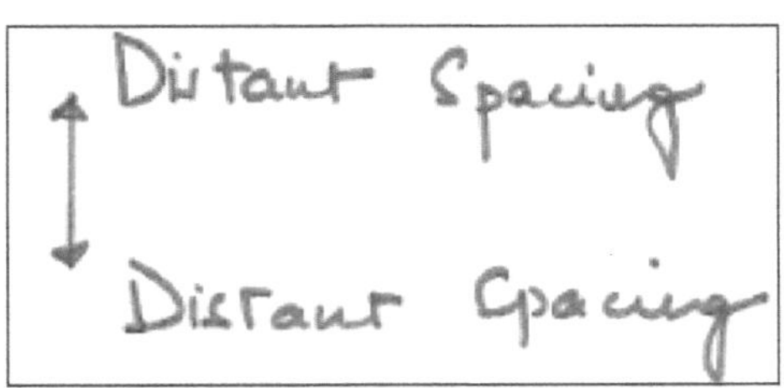

अध्याय - 7

हाशिया और खाली जगह

(Margins and Spacing)

संगठनात्मक क्षमता (Oraganisational Activities)

सामान्य जानकारी: हाशिये चार प्रकार के होते हैं: बाएँ, दाएँ, ऊपर और नीचे। हाशिये का उपयोग व्यक्ति के विभिन्न प्रकार के विवेकों को दर्शाता है जिनमें उसकी मितव्ययिता की भावना, उदारता या कंजूसी प्रतिबिंबित होती है कि वह अपना वित्त प्रबंधन किस प्रकार करता है।। कुछ लोग लिखे जा रहे पृष्ठ का हाशिया बहुत कम रखते हैं या बिना हाशिये के रखते हैं जो कि देखने में अच्छा नहीं लगता है। सामान्य रूप से शीर्ष हाशिये का संबंध दूसरों के प्रति सम्मान की भावना से संबंधित है। बायां हाशिया दर्शाता है कि एक व्यक्ति अपने परिचित की सुरक्षा को कैसे प्यार करता है। दाहिनी ओर का हाशिया यह दर्शाता है कि कोई व्यक्ति अपने लक्ष्यों और अपनी जोखिम लेने की क्षमताओं से किस प्रकार संबंधित है। निचला हाशिया आर्थिक मसलों से जुड़ी समझ का परिचायक होने के साथ-साथ, सुनियोजित होने और पूर्वानुमान करने की क्षमता की सामर्थ्य को दर्शाता है।

हाशिये के प्रकार (Type of Margins)

संकीर्ण समग्र हाशिये (Narrow Overall Margins): इस प्रकार का लेखक जीवन को पूर्णता में जीता है। वह स्वभाव से दखल देने वाला हो सकता है। दूसरों की जरूरतों के बारे में उथली समझ रखता है। सभी प्रकार की गतिविधियों में भाग लेना चाहता है। वह हर कार्य को डूब कर करने में विश्वास करता है और यह देखता है कि कोई भी समय या संसाधन बेकार और बर्बाद न हो।

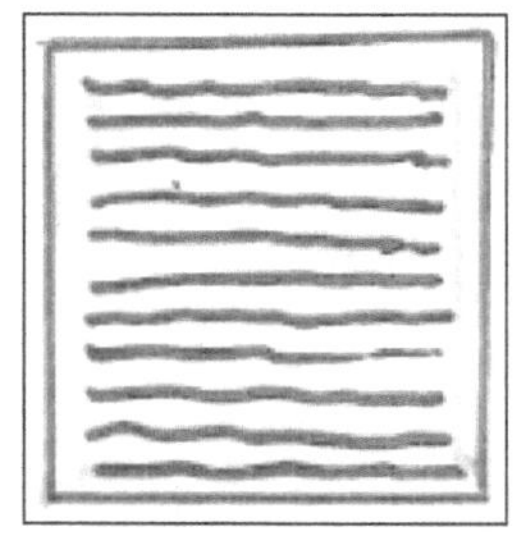

व्यापक समग्र हाशिये (Broad Overall Margins): यह व्यक्ति स्वयं को महत्व देता है और अपने तंत्रिका आवेगों को जीवंत व शांत करने के लिए अपने निजी समय व जगह विशेष का महत्व समझते हुए उनका आनंद लेता है। वह व्यवस्थित रहता है और अपने स्वयं के व्यक्तित्व व निजी कार्यों को समय देकर उन्हें पूर्ण करने का प्रयास करता है। यह लेखक अपने आप को और अपने जीवन की गतिविधियों के लिए जो स्थान व महत्व देता है, वह कागज में दिखलाई दे रहे लिखे हुए हिस्से की तुलना में कागज के अलिखित हिस्से से सीधे आनुपातिक तौर पर परिलक्षित होता है।

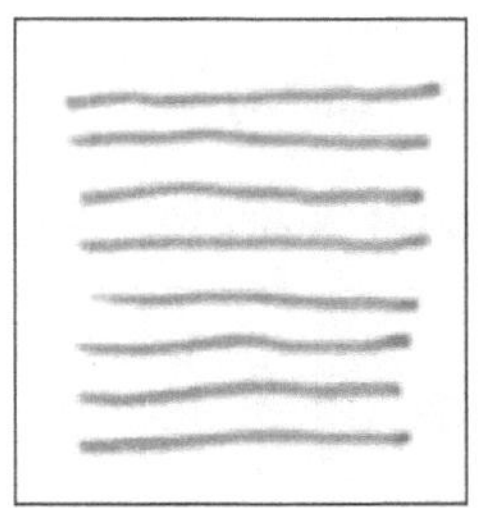

ऊपरी हाशिया (Top Margin)

बड़ा ऊपरी हाशिया (Large Top Margin): यह लेखक एकाकी, मितभाषी व लोगों से कट कर रहने वाले स्वभाव का है। यह शिष्ट व्यवहार करते हुए दूसरों का सम्मान करता है। वह विनम्र, डरपोक, घबराने वाला, भावनात्मक रूप से पीछे हटने वाला और दमनकारी है। वह अपने व्यवहार में आत्म-सचेत और विनम्र है।

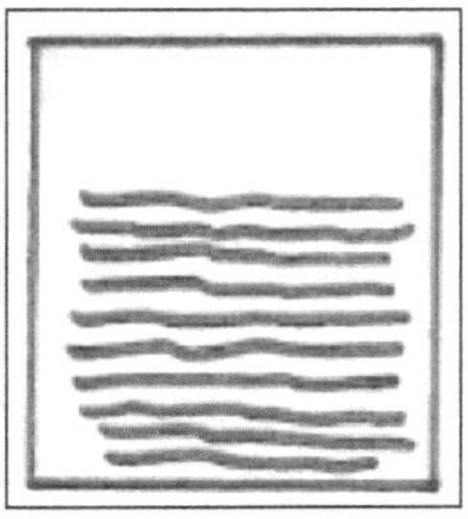

छोटा ऊपरी हाशिया (Small Top Margin): लेखक सहज व लापरवाह है। व्यवहार और दृष्टिकोण में अनौपचारिक है। यही नहीं इसका दृष्टिकोण भी अनौपचारिक रहता है। वह तर्कपूर्ण और सीधी बात करता है।

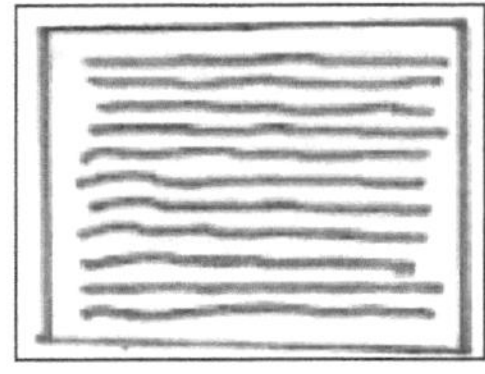

निचले हाशिये (Bottom Margins)

बड़ा निचला हाशिया (Big Bottom Margin): यह लेखक मूर्त परिणाम (tangible results) उत्पन्न करने के लिए बहुत कम उन्मुख है। वह बड़बोला है और धरातल पर कम काम करता है।

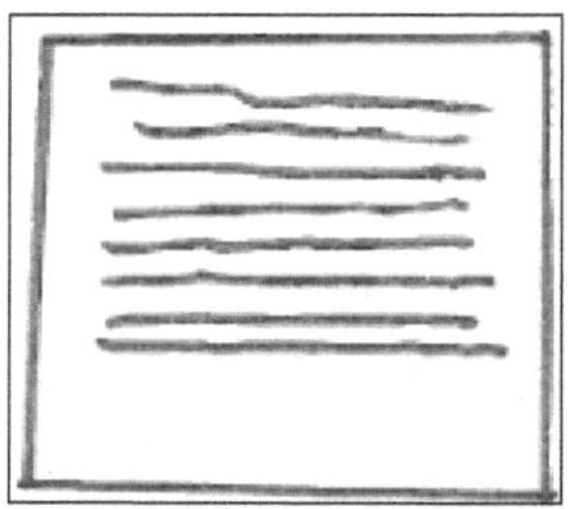

छोटा निचला हाशिया (Small Bottom Margin): यह लेखक परिणामों और उपलब्धियों को महत्व देता है। वह भौतिकवादी रूप से अधिग्रहण (acquisitions) की ओर झुका हुआ है और लक्ष्य-उन्मुख है।

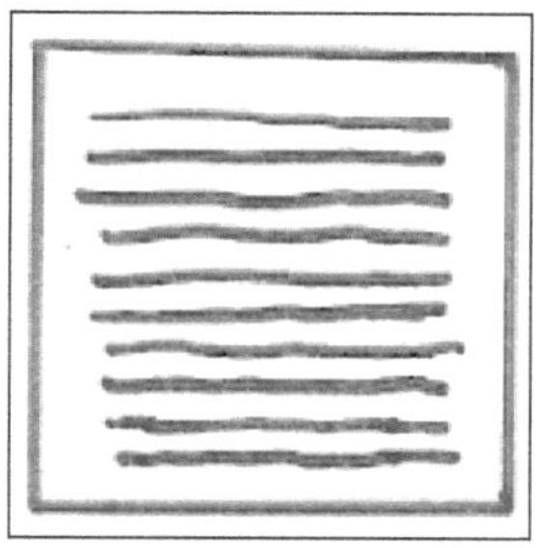

चौड़ा बाँया हाशिया (Broad Left Margin): यह लेखक जोखिम-उन्मुख है। उसे अपने कार्यों को तय करने या शुरू करने से पहले विभिन्न विकल्पों और संभावनाओं के बारे में सोचने की जरूरत है। वह अपने पिछले संबंधों और पारंपरिक परंपराओं से खुद को अलग करता है और दूर करता है।

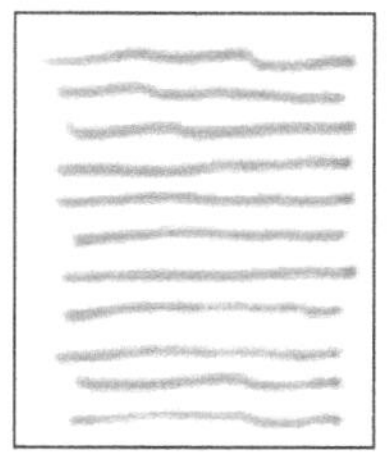

चौड़ा दाहिना हाशिया (Broad Right Margin): इस लेखक की प्रतिबद्धतायें अत्यंत सतर्कता, संयम और विचारशीलता का परिणाम होती हैं। कुछ भी करने से पहले वह विचार और चिंतन करता है। वह अपरीक्षित, अपरिचित और अनभ्यस्त परिस्थितियों में असहज होता है। वह अपने भविष्यवादी कार्यों के प्रति आशंकित रहता है और अनुचित जोखिम लेने से बचता है।

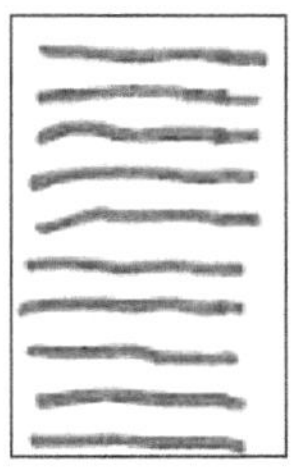

हाशियों को दाहिनी ओर विस्तार देते हुए लिखना (Writing with Margins Extending to Right): यह लेखक अपने जीवन के प्रारूप और रूपरेखा (Pattern and Design) के साथ आगे बढ़ता है। प्रारंभिक असफलताओं, हिचकिचाहटों और

अग्रचिंताओं के बाद, वह सुरक्षा की तहों, ज्ञात और सुरक्षा की भावना से दूर अज्ञात समुद्र की अज्ञात गहराइयों में चला जाता है।

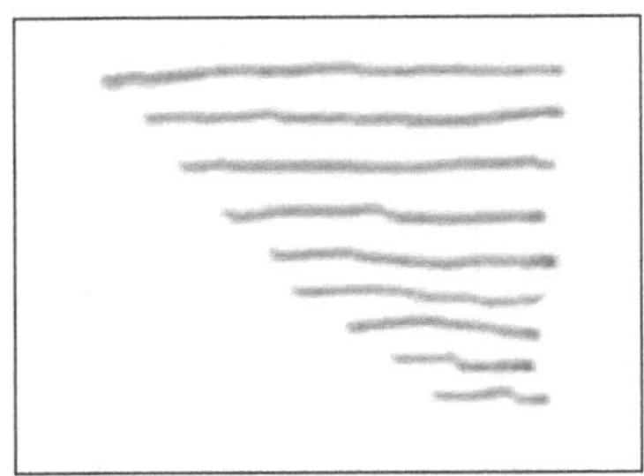

हाशिये को बायीं ओर विस्तार देते हुए लिखना (Writing Extending to Left): यह लेखक अतीत, सुपरिचित,ज्ञात और पारंपरिक को महत्व देता है। वह आत्मविश्लेषी, अंतर्मुखी व परंपरा से बंधा हुआ है और खतरों और जोखिमों को आमंत्रित नहीं करता है।

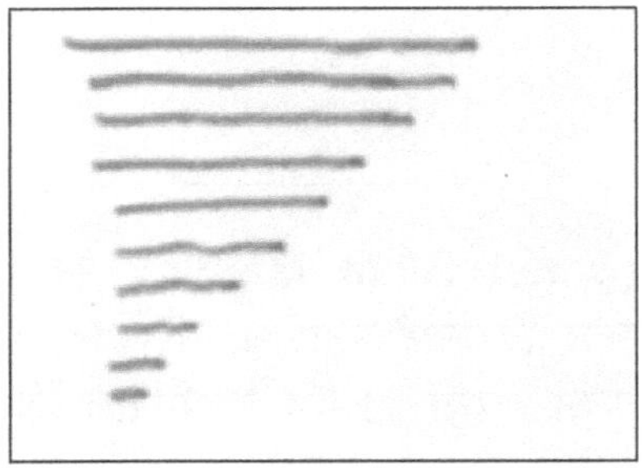

बायां अवतल हाशिया (Left Margin Concave): यह लेखक अपनी यात्रा को सुरक्षा, बचाव, आश्रय और निश्चितता के एक क्षेत्र से शुरू करता है। हालांकि, सफलता के कुछ रूपों के बाद वह प्रगति करता है। जोखिम ले सकता है, दाँव लगा सकता है। सफल होने और कुछ हद तक फलने-फूलने के बाद, वह फिर पीछे हट जाता है और ज्ञात व सुरक्षा की तह में वापस लौट जाता है, क्योंकि वह असुरक्षा, अस्पष्टता और अनिश्चितता से डरता है।

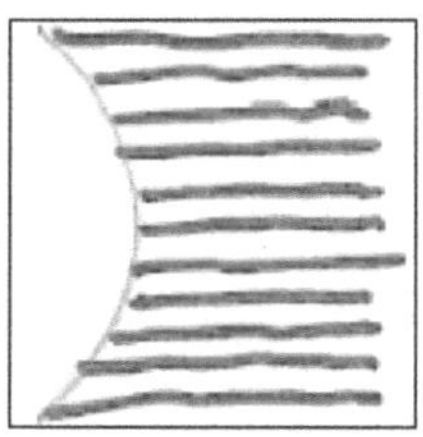

अध्याय - 8

व्यक्तिगत सर्वनाम 'I' यानी 'मैं'

(Personal Pronoun 'I')

निजी स्व-छवि-आंतरिक स्व
(Private Self-Image–The Inner Self)

सामान्य जानकारी: व्यक्तिगत सर्वनाम 'I' किसी व्यक्ति के व्यक्तिगत 'स्व'/ 'आत्म' की छवि के महत्वपूर्ण संकेतकों में से एक है। इसकी ऊँचाई लेखक की समाज में प्रमुखता और चमक की आवश्यकता को इंगित करती है कि वह अपने व्यक्तित्व को संतुष्ट करने के लिए अपने आत्म-मूल्य और आत्म-सम्मान को किस सीमा तक ले जायेगा। यह लेखक के स्वाभिमान और आत्म-सम्मान का परिमापक है। अक्षर 'I' की चौड़ाई लेखक की खुलने व लचीला होने की क्षमता को इंगित करती है और उसके आत्म- विश्वास का मापदंड भी है। अन्य अक्षरों की तुलना में 'I' के आकार का अनुपात लेखक में विद्यमान आत्मविश्वास की मात्रा और बाहरी प्रभावों के प्रति उसके जागरूक होने का संकेत देता है। यदि व्यक्तिगत सर्वनाम 'I' अन्य कैपिटल अक्षरों (Capital Letters) के आकार से बड़ा है तो यह अच्छा आत्म - मूल्य (Self Worth) दर्शाता है, यदि यह इससे छोटा है तो यह कम आत्म-मूल्य होने का संकेत देता है

'I' के प्रकार

छोटे आकार का 'I' (Small Sized 'I'): यह इस बात का परिचायक है कि लेखक स्वयं को सीमाओं और प्रतिबंधों में बांध कर रखता है। वह अपने आत्म-मूल्य को कम आंकता है। सार्वजनिक मानदंडों के अधीन रहने के बजाय जनता के बीच छलावरण में रहना पसंद करता है। वह विनम्र व सरल है। वह अपने भीतर विद्यमान गुणों को सहजता से स्वीकार नहीं कर पाता। वह आत्म-संदेह का शिकार है। जोखिम नहीं लेता। उसमें विश्वास की कमी है। स्वयं आगे बढ़ने का प्रयास नहीं करता।

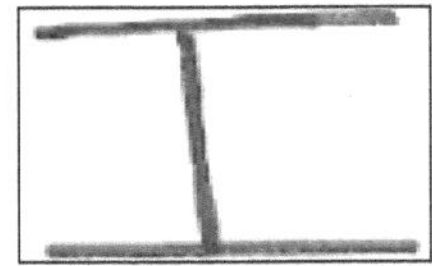

औसत आकार का 'I' (Average Sized 'I'): यह लेखक जहाँ एक ओर संतुलित रूप से शर्मीला, संकोची व डरपोक है, वहाँ दूसरी ओर स्वार्थी और अहंकारी है। वह आसानी से दूसरों के साथ समझौता कर लेता है। दूसरों के मामले में अनधिकृत रूप से राय देने की चेष्टा करता है। वह न तो झुकता है और न ही बाहरी दबाव स्वीकारता है और न ही अधिक जोर देता है।

बड़े आकार का 'I' (Large Sized 'I'): यह लेखक अपनी मजबूत आत्म-छवि के साथ तनावमुक्त है और खुलापन लिये हुए है। वह दूसरों की चिंताओं और विचारों की परवाह नहीं करता है, न ही किसी से पूछता है कि वह क्या चाहता है। शर्मीला और संकोची नहीं है। अपने आत्म-मूल्य को चित्रित करने और दिखाने से हिचकिचाता नहीं है।

दोहराव लिये हुए 'I' (Retraced 'I'): यह लेखक अपने आत्म-मूल्य को सीमित करता है। अपनी आत्म-छवि को नियंत्रित करता है। असुरक्षित महसूस कर सकता है, स्वयं के बारे में अनिश्चित हो सकता है, तनावग्रस्त या बाधित हो सकता है। वह आलोचना के लिए खुला नहीं है और सावधानी या पीछे हटने से खुद का बचाव करता है। उसे आत्म-स्वीकृति में समस्या है और उसकी भावनात्मक बुद्धिमत्ता कमजोर है।

उभार लिये हुए 'l' (Swollen 'l'): इस लेखक का अहंकार उभरा हुआ है और वह ध्यान आकर्षित करने के लिए शोर मचाता है। उसके व्यक्तित्व में अतिरिक्त-गौरव, घमंड और झांसा जैसे तत्व हैं। वह प्रभावित करने और अतिरंजित करने की कोशिश करता है लेकिन मानसिक रूप से रचनात्मक है।

छेद युक्त 'l' (Punctured 'l'): लेखक के भीतर एक छिद्रित यानी तबाह हो चुका अहंकार है और उस के भीतर हीन भावना के तत्व आश्रय लिये हुए हैं।

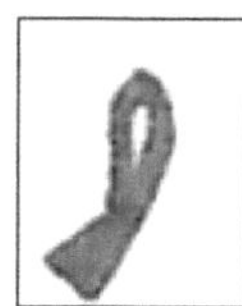

ऊपरी घेरा लिये 'l' (Upper Circled 'l'): इस प्रकार का लेखक मानसिक कल्पना पर बल देता है। उसके व्यक्तित्व में सरल मुखरता का बोलबाला है जिसमें मूल्यों,आदर्शवाद, दर्शन,सोच व विचारधारा की झलक देखने को मिलती है। उसके स्वभाव, रुचियों और व्यक्तित्व पर उसकी मां का गहरा प्रभाव है। जीवन में मातृ आकृति की स्वीकृति प्राप्त करने के उसके प्रयास स्पष्ट और विशिष्ट हैं।

निचला घेरा लिये 'l' (Lower Circled 'l'): लेखक की आत्मदृछवि पर पैतृक प्रभाव बहुत गहरा है। वह कार्यवाही करने में विश्वास रखता है। वह प्रभावशाली और शक्ति सम्पन्न है। परिणाम हासिल करता है और तत्काल संतुष्टि पसंद करता है। उसकी अधिकार और नियंत्रण की क्षमताओं पर उसके पिता का या यूं कह सकते हैं कि पुरुषवादी सोच का गहरा प्रभाव है। उसकी नेतृत्व क्षमता उदाहरण दिये जाने योग्य है।

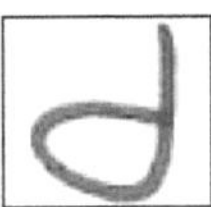

निचला कटाव लिये हुए 'l' (Lower Cut off Circle in 'l'): इस लेखक के जीवन में एक पिता या पुरुष रोल मॉडल की अनुपस्थिति है जो कि तलाक, बिलगाव, अलगाव, पिता को खो देने, या पिता के साथ भावनात्मक संबंध खत्म हो जाने के कारण संशय और असुरक्षा की भावना धारण किये हुए हो सकती है।

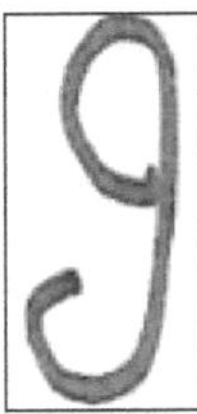

'l' में **निचली गोलाई का न होना (Lack of Lower Circle in 'l'):** इस लेखक को अपने चरित्र का निर्माण करने, गढ़ने और विकास करने में किसी भी पिता तुल्य का सहयोग नहीं मिला है और वह अपने लिए आगे का रास्ता खुद बनाता और तराशता है। यह उस के जीवन में एक पुरुष रोल मॉडल की अनुपस्थिति का भी संकेत है।

'l' के ऊपरी और निचले गोले के बीच की जगह (Space Between Upper and Lower Circles in 'l': इस लेखक को अपने जीवन में पुरुष और महिला रोल मॉडल के प्रभाव में अंतरध्विघटन की अनुभूति होती है। लेखक के माता-पिता शारीरिक रूप से या भावनात्मक रूप से एक-दूसरे से अलग हो गए होंगे।

सादा हुक यानी अंकुश लिये हुए 'l' (Plain Hooks in 'l'): यह विशेष लेखक अपने आत्म-मूल्य, अहंकार, आत्म-छवि और आत्मविश्वास को बढ़ाने के लिए कुछ भी नहीं कर पा रहा है। वह अस्थिर है और अलगाव की भावना से ग्रस्त है कि कोई उसका नहीं है या कुछ भी अवलंबन नहीं है।

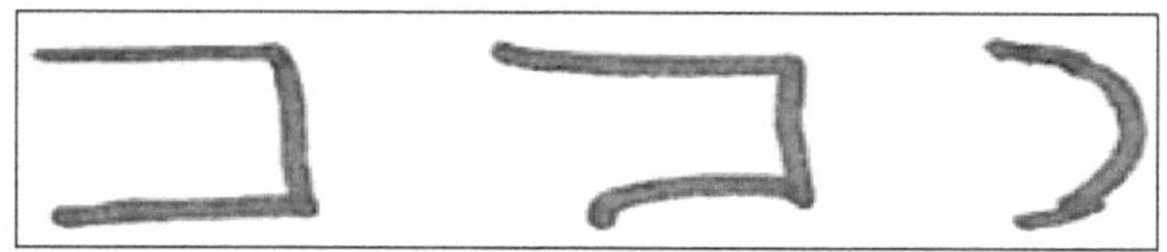

सीधा - सादा 'l' (Straight and Plain 'l'): यह विशेष लेखक संतुलित, आत्मविश्वासी, उत्साही व स्वतंत्र है और अपने विवेक, स्थान और गोपनीयता की अपेक्षा करता है। वह आत्मनिर्भर और स्वयं पर भरोसा करने वाला है। बाहरी प्रभावों से प्रभावित नहीं है। भावनात्मक रूप से, उसके पास एक आत्म-सहायता प्रणाली है। वह अकेले ही उद्यम करता है। चयनात्मक और परिष्कृत है। उसके पास एक मजबूत आत्म-विश्वास है। वह सांस्कृतिक झुकाव से युक्त है। उसमें विचारों की स्पष्टता और सरलता है। चुनौतियों की उन जड़ों तक जाकर उनका सामना करने व उन्हें जीर्ण-शीर्ण करने की गहरी समझ है जो सफलता के मार्ग में बाधक होती हैं। वह भावनात्मक खिंचाव नहीं रखता और अलग-थलग रहता है।

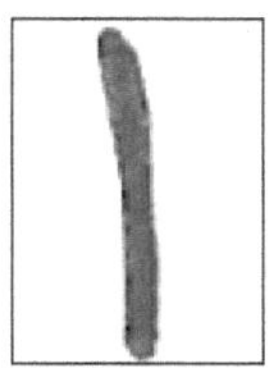

ऊपरी और निचली बाड़ों के साथ सीधा 'l'(Straight 'l' with Upper and Lower Rails): यह विशेष लेखक मजबूत व लचीले विश्वास और धारणायें रखता है कि स्वतंत्रता, स्वायत्तता, व्यक्तिवाद और आत्मनिर्भरता आगे बढ़ने का सबसे अच्छा तरीका है। ऊपर और नीचे की दो बाड़ें (तंपसे) भी अधिक आत्म-इच्छा और आंतरिक शक्ति की परिचायक हैं। वह गूढ़ होना पसंद करता है। अपने स्थान की रक्षा करता है और कभी-कभी अकेला रहना पसंद करता है।

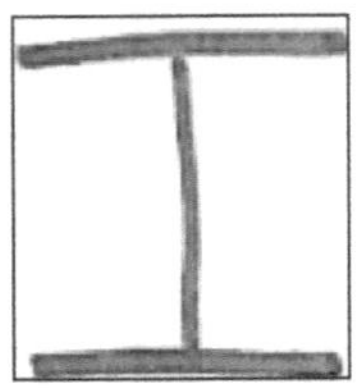

विभिन्न प्रकार के 'I' (Various Types of 'I'): इस प्रकार के लेखक परिवार या समाज में प्रचलित घटनाओं या चुनौतियों के संबंध में विविध भूमिकाएँ निभाते हैं। वह चुनौती के प्रकार के अनुसार स्वतंत्र, निर्भर या अन्योन्याश्रित हो सकता है। वह सामने आने वाली परिस्थितियों के आधार पर अंतर्मुखी या बहिर्मुखी होता है।

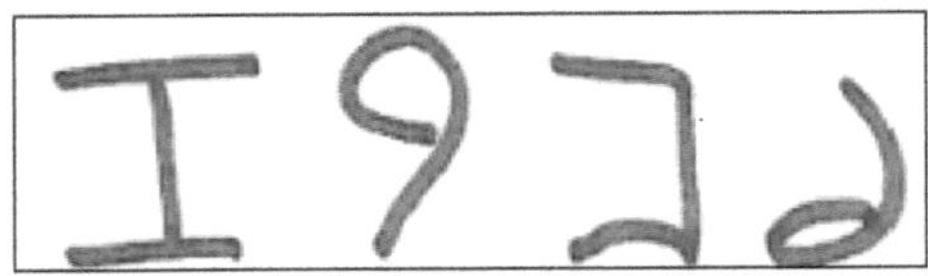

बायीं ओर झुकाव लिये हुए 'I' (Left Leaning 'I'): इस लेखक में भय, रक्षात्मक हिचकिचाहट और चिंतायें हैं। वह विनम्र, शंकालु, नम्र, अनिश्चित व ढुलमुल है। वह असुरक्षित, रक्षात्मक, सतर्क है। अतीत व भविष्य को ध्यान में रखते हुए वह निर्णय बदलना और पीछे हटना पसंद करता है। वह आत्म-सुरक्षात्मक है, अपनी निजता की रक्षा करता है। अपने पत्ते खोलने से पहले बाहरी वातावरण को परख लेता है।

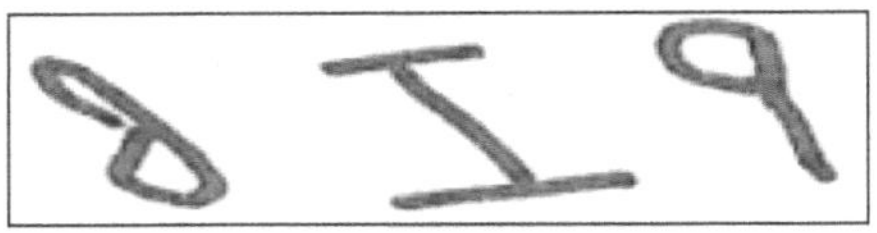

दाहिनी ओर झुकाव लिये हुए 'I' (Right Leaning 'I'): यह विशेष लेखक आत्म-आलोचना करता है और बाहरी समर्थन चाहता है। वह एक बाहरी समर्थन प्रणाली पर निर्भरता चाहता है, अधीन है, चापलूस और परमुखापेक्षी है। वह बाहरी सहमति और समर्थन चाहता है। लोगों का ध्यान अपनी ओर खींचने का प्रयास करता है। प्रशंसा और चापलूसी से प्यार करता है।

भ्रूण के आकार का 'I' (Embriyonic 'I'): यह विशेष लेखक अत्यधिक असुरक्षित महसूस करता है। आत्म - विश्वास की कमी है। रक्षात्मक, क्षमाप्रार्थी, सावधान, अविश्वासी, कमजोर दिल वाला,दुविधाग्रस्त,भयभीत, किसी भी तरह के टकराव से बचने वाला और खुद की तलाश करने में असमर्थ है।

व्यक्तिगत सर्वनाम 'I' के स्थान पर छोटा अक्षर 'i'(Small Alphabet 'i' in Place of Personal Pronoun): यह लेखक डरपोक, शर्मीला व एकांतप्रिय है। भयभीत रहता है। किसी बात पर दृढ़ रहने में कायरतापूर्ण व्यवहार का प्रदर्शन करता है। वह दुनिया से छिपता है, आत्म-प्रक्षेपण से बचता है, कमजोर चरित्र वाला तथा अपरिपक्व है।

अध्याय - 9

हस्ताक्षर और उनमें कैपिटल अक्षर का प्रयोग

(Signature and Capitals)

बाहरी जगत में स्वम की अभिव्यक्ति

(Expressing the Self in the Outer World)

हस्ताक्षर (**Signature**): हस्ताक्षर इस बात का कानूनी प्रतीक, चित्रण, प्रदर्शन और प्रतिनिधित्व करता है कि हम कौन हैं और समाज व परिवेश में अपने व्यक्तित्व की कैसी सार्वजनिक छवि व पहचान रखते हैं।

लिखे गये पृष्ठ पर हस्ताक्षर के स्थान

हस्ताक्षरों का अक्षीय या क्षैतिज स्थान पर किया जाना (Axial Sign Placement): हस्ताक्षरों का क्षैतिज (आड़ा) या अक्षीय स्थान पर किया जाना समाज और परिवेश में संगठनात्मक समर्थन के साथ या उसके बिना दृश्यता और मान्यता प्राप्त करने की इच्छा को दर्शाता है। इसके तीन प्रकार हैं:-

हस्ताक्षर स्क्रिप्ट यानी लिखी गई सामग्री के बहुत करीब स्थित है (Sign Located Too Close to Script): यह विशेष लेखक अपने परिवेश और पारिस्थितिकी तंत्र (**Eco** System and Surroundings) से बंधा हुआ है। वह किसी समूह या दल से सम्बद्ध है (यानी 'ग्रुप' मैन या 'टीम मैन' है) तथा अपने संगठनात्मक परिवेश से निकटता से जुड़ा हुआ है।

स्क्रिप्ट से दूर किये गये हस्ताक्षर (Sign Located Away From Script): यह लेखक अपनी समर्थन - प्रणाली (Support System) से मानसिक रूप से जुड़ाव नहीं रखता है। पेशेवर होते हुए भी सामाजिक रूप से पारिवारिक बंधनों को महसूसने के कारण वह केवल अपने निजी लाभ देखता है। मात्र अपनी निजी आवश्यकताओं की पूर्ति के लिये वह बाहरी और आंतरिक दुनिया में समान रूप से शामिल है। वह निर्भरता और स्वतंत्रता के साथ अनुकूलनशील (adaptable) है। वह एक टीम के सदस्य की तरह खेलता है और यह भी जानता है कि टीम की पहचान से खुद को कब दूर करना है।

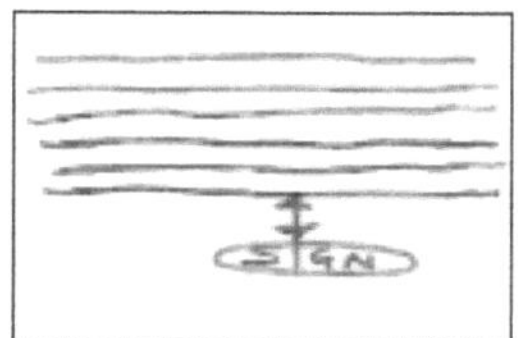

स्क्रिप्ट से काफी दूर किये गये हस्ताक्षर (Sign Located Totally Away From Script): यह लेखक समूह की पहचान से बचने के लिए भरपूर प्रयास करता है। वह किसी टीम के हिस्से के तौर पर पहचाने जाने के बजाय एक व्यक्ति के रूप में सम्मानित किये जाने और देखे जाने की इच्छा रखता है। उसके पास उच्च स्तर की आत्म अभिव्यक्ति की क्षमता है।

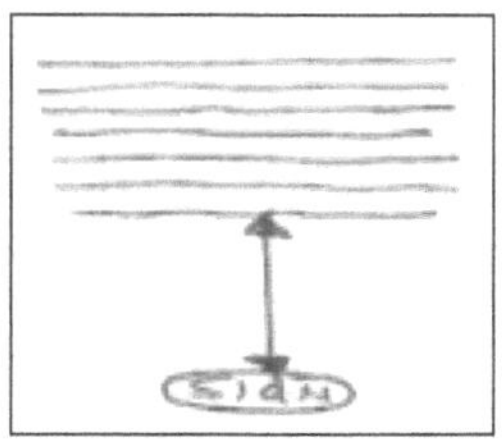

हस्ताक्षर का स्क्रिप्ट के पार्श्व में किया जाना (Lateral Sign Placement): हस्ताक्षर का पार्श्व स्थान पर होना यह दर्शाता है कि लेखक या तो नियम से बंधा हुआ है या कंधे से कंधा मिलाकर काम करने वाला है। ये दो प्रकार के हो सकते हैं:-

स्क्रिप्ट के बायीं ओर हस्ताक्षर (Leftish Location of Signature): यह लेखक अनूकूल वातावरण पसंद करता है यानी जिस से वह परिचित है, अतीत में जिस क्षेत्र विशेष से जुड़ा हुआ है।

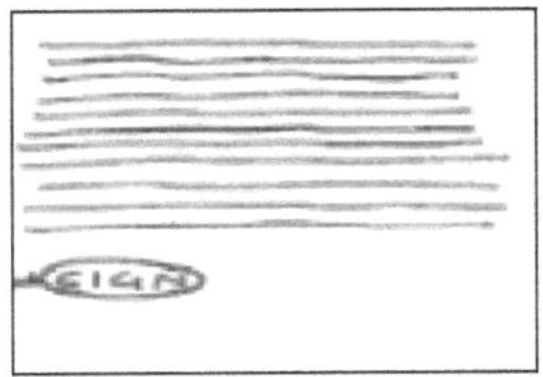

स्क्रिप्ट के दाहिनी ओर हस्ताक्षर (Rightish Location Of Signature): यह लेखक अपने लक्ष्यों और उद्देश्यों को ले कर कार्य करने के लिये हमेशा जल्दबाजी में रहता है। इस वजह से अपने लिये आफत बुला लेता है। स्वेच्छा से अतिरिक्त जिम्मेदारी ले लेता है। वह सांगठनिक हितों के लिए मेहनत करता है लेकिन कुछ गलत होने पर अपनी न्यूनताओं और कमियों को स्वीकार करता है।

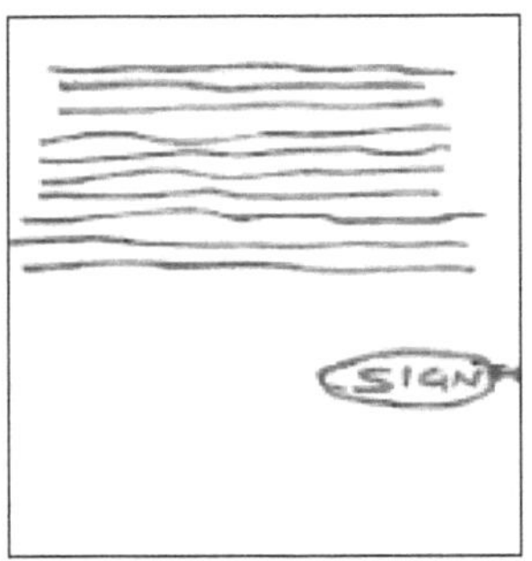

हस्ताक्षर का आकार

बड़े आकार का हस्ताक्षर (Size Of Signature - Big): यह लेखक अपनी सार्वजनिक छवि पर बहुत विचार करता है। वह चाहता है कि दूसरे उसे नियंत्रित, स्वयं आश्वस्त, संतुलित और आत्मविश्वासी के रूप में देखें। कभी-कभी, वह सामाजिक या सार्वजनिक कार्यक्षेत्र में अपनी वैयक्तिकता को मजबूत करने के लिए नकलीपन और ढोंग का सहारा लेता है। वह बहिर्मुखी, आडंबरपूर्ण, रौबीला व दबंग है। अत्यंत अहंकारी, आत्मविश्वासी, महत्वाकांक्षी, सुरक्षित है। सामाजिक व्यवस्था में स्वीकृति, प्रशंसा, सम्मान और एक महत्वपूर्ण स्थिति चाहता है।

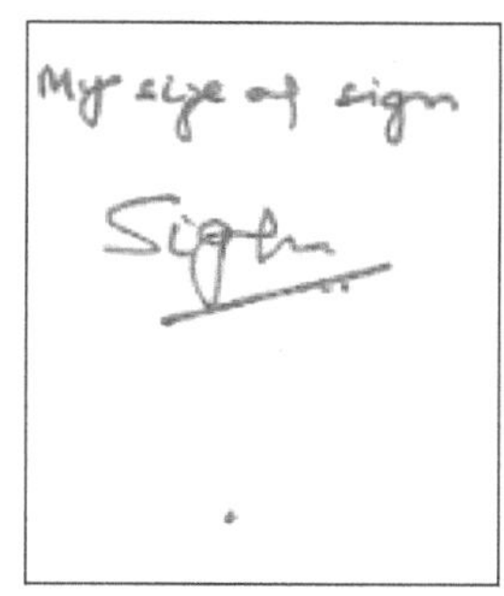

हस्ताक्षर का आकार बहुत बड़ा होना (Size of Signature - Too Large or Too Big): यह लेखक प्रशासक या प्रभारी के रूप में महत्वपूर्ण कार्य करता है। यह बहुत अभिमानी, अहंकारी, आत्मसंतुष्ट, शेख़ी मारने वाला, उच्छृंखल और परले दर्जे का हेकड़ीबाज है। परिस्थितियों के प्रति अत्यधिक प्रतिक्रिया व्यक्त करता है। अपनी वास्तविक छवि को अतिरंजित (Exaggerated) कर किसी महाकाव्य के नायक की तरह प्रस्तुत करने का प्रयास करता है।

स्क्रिप्ट के अक्षरों के आकार के समान आकार के हस्ताक्षर (Signature Same Size of Writing): इस लेखक के पास कोई ढोंग, दिखावा, छलावरण, और पाखंड नहीं है। वह सुसंगत है, और बिना किसी मुखौटे या छलावे के एक समान सार्वजनिक और व्यक्तिगत आत्म-छवि वाला है। उसकी आंतरिक और बाहरी छवियाँ आपस में पूरा - पूरा मेल रखती हैं, मानों कि वे परस्पर एक दूसरे के दर्पण प्रतिबिंब हों।

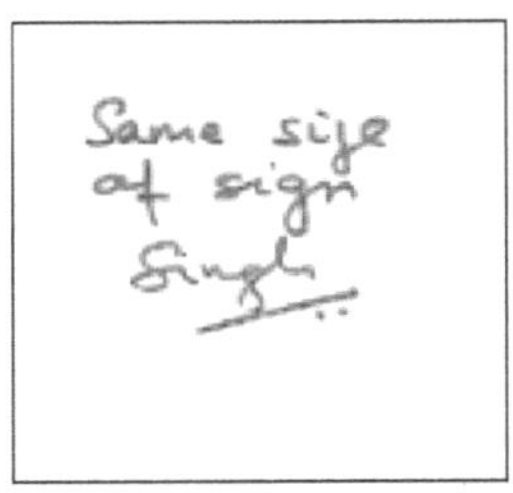

स्क्रिप्ट के अक्षरों के आकार से छोटे आकार के हस्ताक्षर (Signature Smaller Than Writing): यह लेखक अत्यंत सरल,नम्र, परमुखापेक्षी, विनम्र और स्पष्टवादी है। वह अपनी क्षमताओं और योग्यताओं को कम आंकता है और नजरंदाज करता है। किसी भी प्रसिद्धि और प्रचार की चकाचौंध की तलाश नहीं करता है। उसकी क्षमताओं और प्रतिभाओं पर किसी का ध्यान नहीं जा सकता, क्योंकि वह जीवन में स्वेच्छा से पीछे रहता है या एक द्वितीयक स्तर की भूमिका स्वीकार कर लेता है।

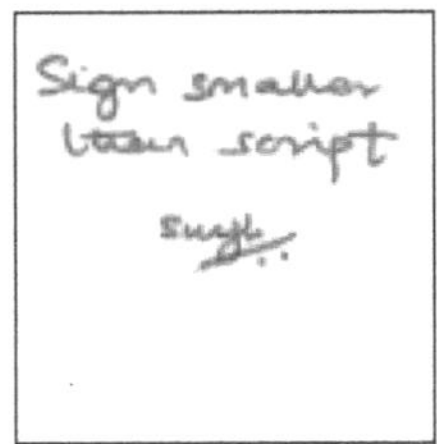

जब स्क्रिप्ट की लिखावट का आकार बड़ा होता है और हस्ताक्षर जानबूझकर छोटे आकार का किया जाता है (When Writing is Big and Signature Deliberate Small): यह लेखक झूठे दिखावे का प्रदर्शन, निरुपण और प्रकटीकरण कर सकता है। दिखावटी विनम्रता का प्रदर्शन कर सकता है। उसकी शालीनता वास्तविक या बनावटी दोनों ही प्रकार की हो सकती है जिसे उसके अन्य लक्षणों को देखकर अनुमान लगाया जाना और समझा जाना चाहिए।

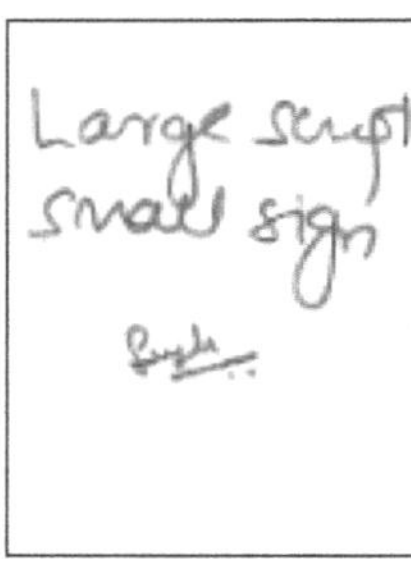

स्क्रिप्ट की लिखावट और हस्ताक्षरों की लिखावट में अंतर होना (Signature is Different from Writing): यह लेखक अपने सार्वजनिक व्यवहार और अपने निजी स्व के लिए अलग-अलग व्यक्तित्व रखता है और सार्वजनिक व्यवहार में मुखौटे पहनता है। उसके आंतरिक और बाहरी व्यक्तित्व में अंतर है क्योंकि उसका उनके प्रति एक अलग दृष्टिकोण है और अपने निजी और सार्वजनिक व्यवहार के लिए अलग-अलग भेष धारण करता है।

स्क्रिप्ट की लिखावट में दायीं ओर झुकाव लिये हुए तिरछापन और हस्ताक्षर में बायीं ओर झुकाव लिये हुए तिरछापन (Signature Left Slant and Writing Right Slant): यह लेखक मितभाषी, शर्मीले, गैर दृमिलनसार और संयमित व्यक्ति के रूप में दिखलाई देना चाहता है, वास्तव में वह मिलनसार, बहिर्मुखी या दिलकश (likeable) हो सकता है।

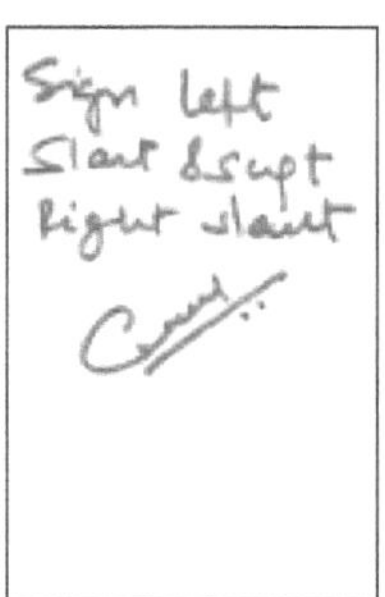

स्क्रिप्ट की लिखावट में बायीं ओर झुकाव लिये हुए तिरछापन किन्तु हस्ताक्षरों में दाहिनी ओर प्रवाह लिये हुए तिरछापन (Sign Right Slant and Script Left Slant): यह लेखक मिलनसार व बहिर्मुखी व्यक्ति के रूप में देखे जाने की इच्छा रखता है और ऐसा प्रयास भी करता है। वास्तविकता में यह संयमित और गैर दृमिलनसार हो सकता है।

स्क्रिप्ट की लिखावट में सीधा - सीधा प्रवाह किन्तु हस्ताक्षरों का प्रवाह बायीं ओर झुकाव लिये हुए होना (Writing Straight Slant and Sign Left Slant): यह लेखक विशेष गैर मिलनसार और शर्मीला होता है। यह दूसरों से संपर्क बढ़ाने के लिये कोई प्रयास नहीं करता और अपनी ही दुनिया में खोये रहना पसंद करता है।

स्पष्ट और पठनीय हस्ताक्षर (Clear And Readable Signature): यह लेखक चाहता है कि लोग उसे स्वेच्छा से जानें। इसके लिये वह कोई कृत्रिमता और दिखावा नहीं करता है। उसका आत्म-प्रकाशन उपलब्ध है। वह सुरक्षित, गैर प्रतिक्रियाशील, विचारशील और विनम्र है

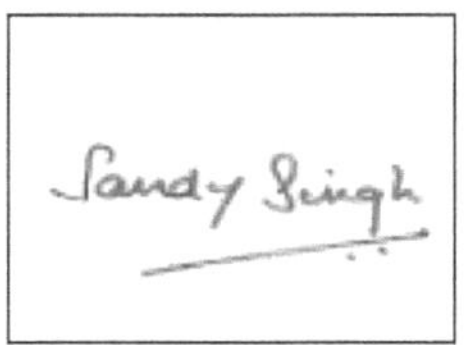

पठनीय लिखावट किन्तु अस्पष्ट हस्ताक्षर (Unclear Signature and Readable Writing): संचार शैली अच्छी होने के कारण यह लेखक एक अच्छा संचारक है। इसका इलहाम या अंतर्भास (Revelation) आवश्यकता आधारित है, गुप्त प्रकृति का है, असुरक्षित है और वह एक मुखौटा धारण किये रहता है। वह विकल / उद्विग्न (Edgy) है, उग्रता की सीमाओं को छू लेता है, अधीर है। उसमें संवाद

करने की इच्छा का अभाव है। वह प्रतिरोधी, असंगत, अहंकारी, अपरंपरागत और असामान्य है।

लिखी गयी सामग्री और हस्ताक्षर दोनों की लिखावट का अस्पष्ट होना (Both Sign And Writing Unclear): लेखक कुटिल, बेईमान,कपटी, निष्ठाहीन,गुमराह करने वाला, अहंकारी व अधीर है। इसका तेज और तीक्ष्ण दिमाग त्वरित विचारों का जनक है।

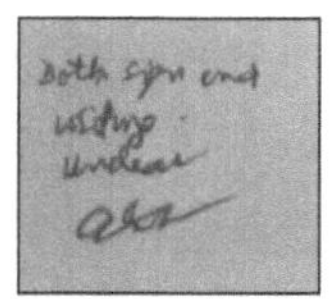

आपस में गूँथे गये शब्दों युक्त, घसीटा मार कर किये गये हस्ताक्षर (Scribbled And Thready Signature): यह विशेष लेखक खुद गोपनीयता में रहते हुए अन्य व्यक्ति को चकमा देता है। उनके इरादे हमेशा घने कोहरे में लिपटे रहते हैं, कभी स्पष्ट और अलग नहीं होते हैं, हमेशा दूसरों को अनुमान लगाने में उलझाये रखते हैं, बचने की इच्छा रखते हैं, बच निकलने की इच्छा रखते हैं, खुद को आश्रय देते हैं। अत्यधिक गुप्त और अत्यधिक केंद्रित होते हैं।

हस्ताक्षर के नीचे लकीर का खींचा जाना (Underlining of Signature): यह स्वतंत्रता और स्वावलंबन के प्रति लेखक के प्रेम को प्रदर्शित करता है। उसका

व्यक्तित्व दृढ़ता से सम्पन्न है। जमीनी है। उसे अपनी प्रतिभा, गुणों और मन की शक्ति पर गर्व और विश्वास है। हस्ताक्षर के नीचे एक सघन (heavy) लकीर लेखक में व्याप्त विद्वेष, मनमुटाव, आक्रामकता तथा संकीर्ण व प्रजातीय मानसिकता की परिचायक है। हस्ताक्षर के नीचे वक्रता लिये हुए खींची गयी लकीर (Curved) लेखक के सौम्य, प्रेरक एवं शिष्ट व्यतित्व की परिचायक है। हस्ताक्षर के नीचे कोणीय त्वरण लिये हुए खींची गयी निचली रेखा (Angular Underline) लेखक के एक सशक्त, गतिशील एवं ऊर्जा सम्पन्न व्यक्तित्व की परिचायक होने के साथ-साथ उसके गहरे जुनून की भी परिचायक होती है।

हस्ताक्षर के नीचे विकृत अधोरेखा (Degenerating Underscore Below Signature): यह लेखक अपने व्यक्तिगत या निजी स्वावलंबन के संबंध में दुविधाग्रस्त व्यवहार का प्रदर्शन करता है क्योंकि उसने अपने अतीत में विफलता या निराशा का अनुभव किया हो सकता है।

हस्ताक्षर के ऊपर सुरक्षात्मक लकीर (Top Sheltering of Signature): यह लेखक अपने स्वयं के समूह और परिवार के लिए बहुत सुरक्षात्मक है। वे चाहे जो भी हों या जो कुछ भी हो, उसे आश्रय देने और उसकी रक्षा करने के लिए एक सुरक्षात्मक कवच रखता है। वह जिम्मेदार और जवाबदेह व्यक्तित्व से सम्पन्न है।

ढके या लिपटे हुए हस्ताक्षर (Shrouded Signature): यह लेखक आवरण या आड़ के पीछे, दूसरों से अपनी असली पहचान और व्यक्तित्व छुपाता है। वह कभी भी अपनी व्यक्तिगत, पारिवारिक या आधिकारिक समस्याओं को किसी के सामने प्रकट नहीं करता है।

हस्ताक्षर को आड़ा-तिरछा काटना (Crossed out of Signature): यह लेखक अपने व्याप्त चरित्र या व्यक्तित्व से नाखुश है और उसमें संशोधन करना चाहता है। वह आत्म-विनाशकारी है। उसके कुछ कार्यकलापों की वजह से उसकी सार्वजनिक छवि उसके नियंत्रण से बाहर है।

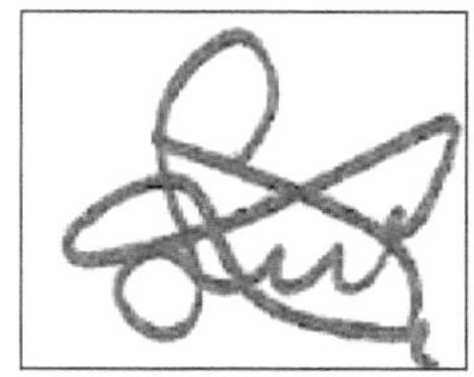

बड़े अक्षर यानी कैपिटल अक्षर (Capitals): किसी व्यक्ति द्वारा 'कैपिटल अक्षर' के प्रयोग से उसकी सामाजिक छवि, उसके आत्मविश्वास और उस में मौजूद प्रदर्शन क्षमताओं की एक झलक मिलती है। यह ये भी इंगित करता है कि क्या लेखक में गर्वानुभूति, आत्म विश्वास या गरूर की उपस्थिति है। यदि कैपिटल अक्षर ऊपरी क्षेत्र के अक्षरों के बराबर हैं या उनसे बड़े हैं तो यह अपनी प्रतिभा, क्षमता, गुणों और क्षमताओं के प्रति लेखक के विश्वास का परिचायक है। कैपिटल अक्षर का अलंकरण, विस्तार और अतिरेक दर्शाता है कि व्यक्ति अहंकारी, घमंडी, खोखला, और दिखावा करने वाला है। कैपिटल अक्षर लेखक के कलात्मक, कल्पनाशील और रचनात्मक होने के परिचायक भी होते हैं। इसके अलावा ये यह भी इंगित करते हैं कि लेखक अहंकारी है, घमंडी है और अपनी क्षमताओं को लेकर दृढ़ विश्वास लिये हुए है पर अति संवेदनशील या असुरक्षित भी है। दूसरी तरफ, कैपिटल अक्षर का छोटा होना यह दर्शाता है कि लेखक में आत्मविश्वास की कमी है, वह इन बातों में विश्वास करता है, मानता है और महत्व देता है कि दूसरे उसके बारे में क्या कह सकते हैं।

अध्याय - 10

एकल अक्षर (Individual Letters)

आंतरिक स्व को फहराना या उघाड़ना

(Unfurling the Inner Self)

Letter ‘a’

प्रकार (Type)	हस्तलेखानुमिति संकेतक (Graphological Indicator)
खुला ‘a’	यह लेखक मिलनसार, उत्तरदायी, विनम्र, उदार व मुखर ((talkative) है। गोपनीयता और रहस्यों का भेद खोल देने वाला है। खुले तौर पर अपने विचार व्यक्त करता है और दूसरों की अवधारणाओं के प्रति ग्रहणशील होता है। खुलेपन की मात्रा किसी के विचारों और दृष्टिकोणों को व्यक्त करने की क्षमता को इंगित करती है। लेखक की सादगी की मात्रा उसकी लिखावट के अक्षरों के खुलेपन की मात्रा के अनुरूप होती है।
चौड़ा ‘a’	यह लेखक सामाजिक रूप से अधिक से अधिक लोगों से मिलने और उन्हें गले लगाने की आवश्यकता महसूस करता है। वह देश काल को स्वयं हेतु महत्व देता है और दूसरों से पहले स्वयं में विश्वास करता है।
संकीर्ण ‘a’	यह लेखक चुप्पी बनाए रखता है, सतर्क है, ठंडा है, अविश्वासी है। इसमें विश्वसनीयता की समस्या है। घटनाओं और लोगों के प्रति उदासीन और पृथक दृष्टिकोण रखता है।
नीचे से खुला हुआ ‘a’	इस लेखक में कपट, दुरंगापन और चालबाजी के लक्षण हैं।

प्रकार (Type)	हस्तलेखानुमिति संकेतक (Graphological Indicator)
कुंडली रहित या अंडाकार 'a'	यह लेखक शालीनता, विश्वसनीयता, अखंडता, ईमानदारी और भरोसे के संकेतों को दर्शाता है।
बायीं तरफ से काटा गया 'a'	यह विशेष लेखक शिष्ट, सूक्ष्म, विवेकशील, विनम्र और कूटनीतिक है। आंतरिक भावनाओं को छुपाता है। साधारण छल और झूठ का सहारा लेता है। इसमें कभी-कभी आत्म-धोखे के लक्षण होते हैं। छोरों में कटौती की गहराई कुछ वास्तविकताओं को छिपाने से जुड़ी किसी व्यक्ति की योग्यता के अनुपात में होती है।
हुक लगा हुआ 'a'	यह लेखक लोगों के शुद्ध- मूल्य (Net Worth)में विश्वास करता है। यह स्वभाव से भौतिक रूप से अधिग्रहण करने वाला यानी काबिज होने या अपने अधिकार में कर लेने की मनोवृत्ति वाला है।

अक्षर 'B'/'b'

प्रकार (Type)	हस्तलेखानुमिति संकेतक (Graphological Indicator)
निचली कुंडली से अपेक्षाकृत छोटी ऊपरी कुंडली लिये हुए 'B'	यह विशेष लेखक सरल है। दूसरों की उपलब्धियों या उनके मानदंडों से तुलना करते हुए खुद को एक निम्न आसन पर रखता है। आत्म-जागरूक है और नियमों और विनियमों को लेकर हठधर्मी है।
निचली कुंडली से बड़ी ऊपरी कुंडली लिये हुए 'B'	यह विशेष लेखक लोकप्रिय, विचारशील, संवेदनशील, कूटनीतिक व यथार्थवादी है। ए खुद को जीवन से बड़ा मानता है और अनुबंध के नियमों को प्राथमिकता देता है।
खुला 'b'	यह लेखक सरल, संवेदनशील, विश्वसनीय, भोला-भाला और निर्दोष है।

(Contd.)

प्रकार (Type)	हस्तलेखानुमिति संकेतक (Graphological Indicator)
बंद 'b'	यह लेखक चौकस, विचारशील, बदल जाने वाला, अति संवेदनशील, सावधान, संयमित सतर्क और दूसरों पर शक करने वाला है।
गुब्बारेनुमा 'b'	यह लेखक प्रदर्शनात्मक, खुला, संवेदनशील व भावुक है। तर्कसंगत और न्यायपूर्ण होने के बजाय अपनी भावनात्मक आधार पर फैसले लेता है।
ऊँचा 'b'	यह लेखक आध्यात्मिक, अलौकिक,पारलौकिक अकादमिक, दिमागी, विद्वतापूर्ण और बौद्धिक विचारों और दृष्टिकोणों में रुचि रखता है।
ऊपर गोला लिये हुए 'b'	यह लेखक पदार्थ पर मन की प्रधानता और प्रभुत्व में विश्वास करता है। वह बौद्धिक और अकादमिक रूप से अपने ज्ञान में वृद्धि करना पसंद करता है। उनका झुकाव अध्यात्म और उच्च विचार की ओर है।

अक्षर 'C'/'c'

प्रकार (Type)	हस्तलेखानुमिति संकेतक (Graphological Indicator)
कोनेदार व टोपीयुक्त 'c'	यह विशेष लेखक व्यर्थ, दिखावटी, मिथ्याभिमानी व कठोर है, हालाँकि कलात्मक झुकाव रखता है।
लंबा खिंचाव लिये हुए 'c'	यह विशेष लेखक सहकारी है, आसान है, एक सौम्य रवैया रखता है, ध्यान आकर्षित करता है और स्वीकृति चाहता है। वह बहस, असहमति और तकरार से दूर रहता है।

अक्षर 'D'/'d'

अक्षर 'd' हमारी दृश्य और भौतिक स्व-अवधारणा का प्रकटीकरण करता है और दर्शाता है कि हम इनका प्रस्तुतिकरण दूसरों के सम्मुख कैसे करते हैं।

प्रकार (Type)	हस्तलेखानुमिति संकेतक (Graphological Indicator)
कुंडलीरहित तने वाला 'd' 	यह विशेष लेखक आश्वस्त, आत्मविश्वासी, स्वतंत्र व मुखर है। इसमें उच्च स्तर का गौरव और गरिमा है। वह दूसरों की उपेक्षा व कटु टिप्पणियों से अप्रभावित रहता है और खुद पर गर्व करता है।
लंबे तने वाला 'd' 	यह विशेष लेखक अपने भौतिक चेहरे पर अतिरंजित और फूल कर कुप्पा होने जैसा गर्व करता है। यह व्यर्थ, आत्म-अभिमानी और हेकड़ीबाज है। यह चाटुकारिता, मीठी-मीठी बातों और खोखली तारीफों के फेर में पड़ जाता है। वह अपनी बाह्याकृति व आत्म-छवि को लेकर काफी प्रतिबद्ध है और अपने आत्म-सम्मान को बढ़ाने के लिए उनकी गुणवत्ता को महत्व देता है।
छोटे तने वाला 'd' 	यह विशेष लेखक आडंबरहीन,विनम्र, विवेकशील व सतर्क है। इसका अहं नाजुक (Fragile ego) है। इसका मस्तिष्क संबंधी झुकाव और रुचियां सीमित हैं, रवैया स्वतंत्र है और वह अपनी स्वयं की जीवन शैली को अपना सकता है।
गोलेनुमा तने वाला 'd' 	इस लेखक के भीतर निम्न स्तर का आत्म-सम्मान है। यह अपने प्रति किये जाने वाले प्रतिघात, अस्वीकार, उपहास, तिरस्कार, कटाक्ष व ठिठोली के प्रति अत्यंत संवेदनशील है। आत्म-रूप को लेकर अत्यंत सचेत है। सार्वजनिक रूप से बोलने में असहजता महसूस करता है। वह अपने प्रति बहुत सख्त है। स्वयं की आलोचना और आत्म-निंदा करता है।
अतिरिक्त गोलेनुमा 'd' 	इस लेखक की आत्म-छवि बहुत खराब है। यह अपने ऊपर की गयी टिप्पणियों और अपनी आलोचना के प्रति बहुत संवेदनशील है। वह तिरस्कृत, घृणास्पद, अवांछित, अनुपयुक्त व अयाचित (Unsolicited) महसूस करता है। यह भी संभावना है कि वह खाने, पीने, सेक्स, शराब व नशीली दवाओं का अधिक सेवन करने की वजह से आत्म-हनन की ओर बढ़ रहा हो सकता है। उसमें भविष्य की घटनाओं को लेकर काल्पनिक भय है। वह कभी-कभी अविश्वसनीय, भयभीत और पागल हो जाता है। वह अत्यधिक तनावों, चिंताओं, आशंकाओं, दबावों को महसूस करता है और कभी न खत्म होने वाली चिंताओं से ग्रस्त होता है।
तम्बू (टेंट) की आकृति लिये हुए 'd' 	यह लेखक सचेत, परिवर्तनशील, सावधान, सतर्क, अल्पभाषी, आलसी, लापरवाह, दृढ़ संकल्पी और हठी है।

(Contd.)

प्रकार (Type)	हस्तलेखानुमिति संकेतक (Graphological Indicator)
सिग्मा आकृति लिये हुए 'd'	यह लेखक प्रबुद्ध, कलात्मक, विद्वतापूर्ण, बहुश्रुत (erudite) और साहित्यिक विचारों वाला होने के कारण सराहना का पात्र है। वह अध्ययनशील है और शोध करना पसंद करता है। उसके पास सौंदर्यशास्त्र की भावना है और वह स्वभाव से कलात्मक और आविष्कारशील है। वह चुलबुला हो सकता है। वह आनंद चाहने वाला और एक मुक्त आत्मा है। वह केवल उन चीजों में विश्वास करता है जिन्हें वह अपने हित की समझता है।

अक्षर 'E'/'e'

प्रकार (Type)	हस्तलेखानुमिति संकेतक (Graphological Indicator)
स्याही भरा 'e'	इस लेखक के पास उच्च स्तर की कामुकता है और वह शारीरिक और यौन संतुष्टि चाहता है। ये अपने निजी मामलों को छुपाने में विश्वास रखते हैं और स्वभाव से गोपनीय होते हैं। उसमें अवसरानुसार चुप रहने की इच्छा होती है। वह अधीर व सतर्क होता है और आम तौर पर लोगों पर शक करता है।
विस्तारित 'e'	यह लेखक बातूनी, व्यापक विचारों वाला व कुंद है और दूसरों का ध्यान अपनी ओर आकर्षित करना चाहता है। वह सम्मान और प्रशंसा की अपेक्षा कर सकता है।
हुकनुमा 'e'	यह व्यक्ति जमाखोरी करना पसंद करता है और स्वभाव से भौतिक रूप से अधिग्रहण करने वाला होता है।
सिग्मा की आकृति लिये 'E/e'	यह लेखक सुशिक्षित है, विद्वान है। वैज्ञानिक सोच वाला, सुसंस्कृत, कलात्मक है। परिष्कृत और बेहतर अभिरुचियाँ रखता है।

अक्षर 'F'/'f'

प्रकार (Type)	हस्तलेखानुमिति संकेतक (Graphological Indicator)
संतुलित 'f' (ऊपर और नीचे)।	यह विशेष लेखक जीवन के बौद्धिक और भौतिक दोनों पहलुओं में संगठित व संतुलित है। एक अच्छा योजनाकार है और सभी मानसिक और शारीरिक चुनौतियों के लिए तैयार है।

केवल निचला घेरा लिये 'f' (कोई निचला घेरा नहीं)	यह लेखक हठधर्मी, संकीर्ण सोच वाला, धर्मांध, मतवादी, व्यावहारिक, दृढ़, जिद्दी और तार्किक है।
बिना किसी ऊपरी घेरे के, विस्तृत निचला घेरा लिये 'f',)	इस लेखक के पास खेल भावना वाला स्वभाव है। शारीरिक रूप से उन्मुख है। मजबूत शारीरिक भूख और यौन लालसा है। वह प्रसन्नचित्त, प्रफुल्ल, निश्चिंत और उत्साह के भाव से युक्त है। वह मीठा खाना पसंद करता है, खाने का शौकीन है और शारीरिक संतुष्टि में आनंद लेता है।
पीठ कटा हुआ 'f'	यह लेखक हठधर्मी है। संकीर्ण सोच वाला, धर्मांध, जिद्दी, दुर्भावनापूर्ण, कड़वा, बुरा, क्रूर, प्रतिशोधी और बदला लेने वाला। है।ऐसे व्यक्ति में मलिनता की मात्रा 'f' की पीठ के कटाव की लंबाई के समानुपाती होती है।

निचले क्षेत्र से युक्त अक्षर 'y' और 'g'

प्रकार (Type)	**हस्तलेखानुमिति संकेतक (Graphological Indicator)**
चौड़े और विस्तृत 'y' और 'g'	यह विशेष लेखक एक मजबूत कामेच्छा के साथ स्पष्टभाषी, बहिर्मुखी और अत्यधिक भोगी है। धन और आनंद उसके आकर्षण के केंद्र में रहते हैं। वह लोभ और लालच से ग्रस्त है।
लघु निचला क्षेत्र	इस विशेष लेखक के पास एक संतुलित कामुक भूख, शारीरिक और यौन लालसा है। उसकी भौतिक और शारीरिक भूख मध्यम है।
चयनात्मक निचला क्षेत्र	यह लेखक अपनी पिछली गलतियों से नहीं सीखता है। वह स्वभाव से चयनात्मक है और उसके दोस्तों और संपर्कों का एक छोटा समूह है। उसने अपनी भौतिक, शारीरिक और यौन लालसाओं और भूख को प्रतिबंधित और सीमित किया हुआ है।

(Contd.)

प्रकार (Type)	हस्तलेखानुमिति संकेतक (Graphological Indicator)
सामान्य निचला क्षेत्र	इस विशेष लेखक के पास अपने व्यवहार के प्रति कोई अतर्कसंगत या निरर्थक दृष्टिकोण नहीं है। वह व्यवहारिक है, वास्तविक है। अपने कार्यों के लिए उसके विचारों का एक विशेष चयन है। वह शायद ही कभी स्थापित प्रतिमानों, विधियों से भटकता या पथ विचलित होता है। वह संचालित करने के लिए अपनी संरचना और कार्य सूची ही चुनता है।
दोहराव युक्त निचला क्षेत्र	यह लेखक कोई उलझन या समस्या सुलझाने के अपने तरीकों को लेकर दृढ़ रहता है। वह भय और असुरक्षा से ग्रस्त है, इसलिये वह आजमाये हुए और परिचित तौर-तरीके ही अपनाता है। वह अपनी खुद की चुनने की शक्ति तक सीमित रहकर उसका परीक्षण करता है जिससे उसके उत्साह, धुन और अभियान का हनन होता है। वह अपने प्रदर्शन पर संदेह करता है और संचालन एवं कामकाज के लिए एक अधिकारवादी का रवैया अपनाता है। यह व्यक्ति अपने पिछले कष्टदायक और खौफनाक अनुभवों को दबा रहा हो सकता है और इसमें वासना और दैहिक सुख के दमन की प्रवृत्ति होती है।
बीच में लटका हुआ और अधूरा निचला क्षेत्र।	इस विशेष लेखक के पास यौन सुख और शारीरिक सुख को लेकर असंतोष है जिसका कारण उसकी कामेच्छा का पूर्ण न हो पाना है। वह अपने पिछले अनुभवों या मूर्खताओं को वर्तमान या भविष्य के कार्य व्यवहारों में शामिल नहीं करता है। वह सफलता के भय से ग्रस्त है।
पीठ कटा हुआ निचला क्षेत्र	यह लेखक विशेष स्वच्छंदध् मनमौजी (Opinionated) है। आलोचनात्मक है। अडिग दृढ़ता लिये हुए है। प्रेरित व दृढ़ संकल्प है। आक्रामक है और संकीर्ण रवैया रखता है।
असामान्य 'g' और 'y'	इस विशेष लेखक की अलग-अलग और असामान्य शारीरिक और यौन प्रवृत्तियाँ हैं। यह असामान्य, विषम एवं विचित्र शारीरिक और यौन प्रवृत्तियाँ रखता है और अपने सांसारिक व्यवहार में असामान्यता प्रदर्शित करता है।

प्रकार (Type)	हस्तलेखानुमिति संकेतक (Graphological Indicator)
निचले क्षेत्र में मात्र एक अधोवर्ती रेखा	इस प्रकार के लेखक में परिवार और मित्रों के साथ समय के संतुलन की भावना होती है और वह अपने निजता और एकांत के क्षणों का लाभ उठाता है। वह दृष्टिकोण में विश्लेषणात्मक है, उसके पास एक बेहतर निर्णय है और वह अपने नियमों और शर्तों पर जीता है। वह अपने तरीके से अपना जीवन चलाता है। उसे अपनी खुद की संगत सबसे अच्छी लगती है। वह आकस्मिक संबंधों, संपर्कों और जान-पहचान से दूर रहता है। वह स्व-निर्देशित, अत्यधिक स्वायत्त और स्व-विनियमित है।
निचले क्षेत्र में '8' की आकृति	यह लेखक अत्यंत त्वरित बुद्धि से सम्पन्न, तेज विचारक, बुद्धिजीवी, अपनी बौद्धिक और शारीरिक जरूरतों को संतुलित करने वाला है। उच्च स्तर की भावनात्मक समझ व प्रबंधित करने की क्षमता रखता है। अनुकूल और कलात्मक है।

छोटा अक्षर 'i': यह लेखक की एकाग्रता और कल्पना का मापक है। अक्षर 'i' में बिंदु का स्थान जितना ऊँचा होगा, उस लेखक की कल्पना शक्ति उतनी ही बड़ी और उर्वर होगी। लगाया गया बिन्दु 'i' के तने के जितने करीब होता है, लेखक में विवरणों और एकाग्रताध् सघनता के लिए उतनी ही अधिक तल्लीनता होती है।

प्रकार (Type)	हस्तलेखानुमिति संकेतक (Graphological Indicator)
'i' की बिंदी का ऊंचाई पर होना	लेखक के पास उर्वर कल्पनाशक्ति है और आध्यात्मिक और दार्शनिक झुकाव है।
'i' की बिंदी का गोलाई लिये हुए होना	यह लेखक झूठी विनम्रता प्रदर्शित करता है। अपनी ओर ध्यान आकर्षित करने के लिये प्रयत्नशील रहता है। स्वभाव से वफादार है। कलात्मक है और आधुनिक व्यवहार प्रदर्शित करता है।
'i' के बिन्दु का वक्रता लिये हुए होना	इस विशेष लेखक के पास हास्य की अच्छी समझ है। यह मज़ेदार होने के साथ - साथ सामाजिक रूप से जीवंत है।

(Contd.)

प्रकार (Type)	**हस्तलेखानुमिति संकेतक (Graphological Indicator)**
'i' के बिन्दु का बायीं ओर झुकाव लिये होना	यह विशेष लेखक सीधा, विनम्र, डरपोक, सतर्क और टालमटोल करने वाला है।
'i' के बिन्दु का दाहिनी ओर झुकाव लिये होना	यह विशेष लेखक आवेगी, अधीर है। तीव्र बुद्धि से सम्पन्न और नई चुनौतियों का आगे बढ़कर सामना करने वाला है।
'i' के बिन्दु का तिर्यक (Slashed) होना	यह विशेष लेखक ईर्ष्यालु, सक्रिय,उत्साही और प्रेरित है।
'i' में बिन्दु का न लगाया जाना	यह विशेष लेखक अनमना ध् खोया - खोया सा रहने वाला है। इसकी याददाश्त कमजोर है। लापरवाह है। इस पर भरोसा नहीं किया जा सकता। इसकी वफादारी संदिग्ध है।
'i' पर लंबा और छेदने वाला बिंदु	यह लेखक तेज है, मर्मज्ञ है। इसके पास तीक्ष्ण दिमाग है और यह बौद्धिक रूप से सतर्क और सक्रिय है।
'i' गोलाकार और छोटा बिन्दु	यह विशेष लेखक धीमा, आलसी व लापरवाह उदासीनता लिये हुए है। सावधान, सतर्क और अनुशासनहीन है।

प्रकार (Type)	**हस्तलेखानुमिति संकेतक (Graphological Indicator)**
'i' पर तम्बू की आकृति का या कटाव युक्त बिन्दु	यह विशेष लेखक स्वभाव से गुस्से और क्रोध वाला है। लोगों को अपने जाल में फंसाता है। शातिर है। आलोचनात्मक रवैया रखता है। व्यंग्यात्मक है। निरंकुश, दबंग और अति मुखर है।

ऊपरी क्षेत्र वाले अक्षर

प्रकार (Type)	**हस्तलेखानुमिति संकेतक (Graphological Indicator)**
लघु ऊपरी क्षेत्र वाले अक्षर	यह लेखक दिमागी चुनौतियों से संबंधित मुद्दों पर छोटे रास्ते अपनाता है। अपने विचार को लागू करने के लिए इच्छुक नहीं है। एक सीमित मानसिक पहुंच है। आलसी, और टालमटोल करने वाला है। एक भौतिकवादी दृष्टिकोण और उदासीन रवैया रखता है।
लंबे अक्षर	इस तरह का लेखक स्वभाव से आध्यात्मिक होता है। उच्च मानसिक गतिशीलता रखता है। सीखने के लिए व्याकुल रहता है। जिज्ञासु होता है। ज्ञान की तलाश करना पसंद करता है। संकोची स्वभाव वाला है। मनमौजी और आध्यात्मिक है
लंबा और चौड़ा ऊपरी क्षेत्र लिये अक्षर	यह लेखक आध्यात्मिक रूप से झुका हुआ है, सामाजिक संपर्क चाहता है और संभावित सतही ज्ञान की भावनाओं के लिए अधिक क्षतिपूर्ति करता है।
ऊपरी क्षेत्र में कुंडली से रहित सीधे अक्षर	यह लेखक एक व्यावहारिक दृष्टिकोण रखता है। कुंद है। स्पष्टवादी है और एक गैर-निरर्थक रवैया अपनाता है। वह स्वभाव से बौद्धिक है और अपने ज्ञान के आधार को बढ़ाने का शौकीन है।

(Contd.)

अक्षर 'm' और 'n'

प्रकार (Type)	हस्तलेखानुमिति संकेतक (Graphological Indicator)
गोलाकार 'm' और 'n'	इस लेखक के पास कम दिमागी सामर्थ्य के साथ एक संचयी विचार स्वरूप है। वह एक धीमा प्रशिक्षु है। उसकी ऊर्जा का स्तर निम्न होने के साथ-साथ वह आलसी भी है। वह अपरिपक्व और स्वभाव से सतर्क है।
दांतेदार और ऊपर की ओर उठे 'm' और 'n'	यह लेखक उच्च मानसिक सामर्थ्य रखता है। तीव्र बुद्धि वाला है। तेज,और चतुर है।
नीचे की तरफ द्वितीयक गोलाई लिये 'm' और 'n'	यह लेखक सौम्य व गूढ है। विचारशील, कूटनीतिक व दुनियादारी से अच्छी तरह वाकिफ है। उसमें दक्षतापूर्ण कार्यकारी क्षमता है।
'm' और 'n' का बड़ा पहला वृत्त।	यह लेखक आत्म-जागरूक, भोला, संवेदनशील, अधिकारी के निर्देशों का पालन करने वाला, सतर्क और धीमा है। वह नियमों, विनियमों के लिए विवश और बाध्य रहता है। लोगों और स्थितियों से निपटने के दौरान निर्धारित तौर - तरीकों का पालन करता है।

अक्षर 'R/r'

प्रकार (Type)	हस्तलेखानुमिति संकेतक (Graphological Indicator)
चौकोर आकार वाला 'r'	यह लेखक चतुर, बुद्धिमान, चालाक व तेज है। अच्छी योजना बनाने की क्षमता और स्पष्ट दृष्टिकोण रखता है।
घेरा लिये हुए 'r'	यह लेखक स्वभाव से घमंडी, अकड़बाज, जिद्दी और हठी है।
'V' के आकार का 'r'	लेखक खुला, मिलनसार और जिम्मेदार प्रकृति का है,। कलात्मक है। उसका संगीत और अन्य परिष्कृत अभिरुचियों की ओर झुकाव है।

अक्षर T/t': अक्षर 't' आत्मविश्वास और आत्म-आश्वासन की भावना को दर्शाता है। 't' का तना लेखक के अपने आस-पास के वातावरण, आत्म-आश्वासन और आत्म-विश्वास में उसकी आत्म-छवि को व्यक्त करता है। 't' के तने की ऊँचाई इंगित करती है कि लेखक अपनी स्वयं की छवि को बनाए रखने के लिए कितनी दूर तक और कितनी देर तक जाने को तैयार है।

प्रकार (Type)	**हस्तलेखानुमिति संकेतक (Graphological Indicator)**
दोहराव युक्त गर्दन लिये 't'	यह लेखक अनुशासित है। आत्मविश्वासी आत्म-छवि रखता है। आत्म-आश्वस्त है। बाहरी आघातों या व्यक्तिगत आलोचना के प्रति संवेदनशील नहीं है।
लंबा ताना लिये हुए 't'	यह विशेष लेखक अपने लक्ष्यों की प्राप्ति के लिये भारी-भरकम प्रयास करता है, उच्च उद्देश्य रखता है और सभी क्षेत्रों में उच्चतम मानकों की आकांक्षा करता है। वह लक्ष्य प्राप्ति करने में गौरव महसूस करता है और यह भावना उसे और भी अधिक मेहनत करने व मंजिल पाने के लिये अतिरिक्त दूरी तक जाने के लिए प्रेरणा देती है। वह सितारों की ऊँचाई तक पहुँचने की आकांक्षा रखता है। उसका आत्म-मूल्य बहुत अधिक है।
't' के तने की अतिरंजित (exaggerated) ऊंचाई	यह लेखक अपनी जीत और कारनामों पर अत्यधिक गर्व करता है। वह स्वयं के प्रभुत्व, दबदबे और श्रेष्ठता का कायल होने लगता है। उसके पास स्थिर रहने की प्रवृत्ति है, परिवर्तन के विरुद्ध है और दूसरों के लिए कोई विकल्प और अभिरुचि नहीं रखता है।
लघु तने वाला 't'	इस लेखक का एक स्वतंत्र और आत्मनिर्णायक व्यक्तित्व है। यह सलाह या राय के लिए दूसरों की ओर नहीं झुकता। पारंपरिक और अनुरूपतावादी लग सकता है लेकिन इसके वैसा होने की संभावना नहीं है।

(Contd.)

प्रकार (Type)	हस्तलेखानुमिति संकेतक (Graphological Indicator)
't' का गोलाकार तना	यह विशेष लेखक अपने दृष्टिकोण (approach) में सुस्ती दिखाता है। वह जुनूनी रूप से अपनी स्वयं की छवि को लेकर बेचैन है। वह इस बारे में ज्यादा कल्पना करता रहता है कि दूसरे लोग उसके बारे में क्या सोचते हैं। वह जनता की राय और आलोचना के प्रति अत्यधिक संवेदनशील है। उसके आत्मविश्वास में उतार-चढ़ाव आता रहता है। और उसका आत्मविश्वास उन नकारात्मक बाहरी टिप्पणियों के आधार पर डगमगाता और उतार - चढ़ाव का शिकार होता रहता है जिन्हें वह अपने वातावरण से प्राप्त करता है और जिन्हें वह अन्य लोगों द्वारा अपने ऊपर किये गये व्यक्तिगत हमले के रूप में ग्रहण करता है।
't' का फूला हुआ/गुब्बारेनुमा तना	इस विशेष लेखक की कल्पनाएँ विपुल चिंताओं की ओर बढ़ सकती हैं और गुब्बारे की तरह फूल सकती हैं जिस से उसके पागल होने की संभावना है। वह सार्वजनिक आलोचना, उपहास, अस्वीकृति और व्यंग्य के प्रति बेहद संवेदनशील हैं।वह दूसरों के कार्यों की गलत व्याख्या करता है और अपने करीबी लोगों के इरादों पर भी अत्यधिक संदेह करता है। वह आम तौर पर घटनाओं के परिणामों की व्याख्या को नकारात्मक रूप में लेता है और अपनी खुद की अतिरंजित आत्म-छवि (Overstated Self-image) की रक्षा करने के लिए बहुत अधिक व्यस्त है।
't' में नीचे की ओर एकल आघात (Single Down Stroke 't')	यह विशेष लेखक संक्षिप्तता और सटीकता पसंद करता है और काम के केंद्र बिन्दु पर ध्यान केन्द्रित करते हुए ही बात करता है। उनकी दक्षता बहुत उच्च स्तर की है। वह लंबे मार्ग से बचता है और कार्य पूरा करने के लिये छोटे तरीके अपनाता है। वह रुकना पसंद नहीं करता और आगे बढ़ता रहता है। वह उसका समय नष्ट करने वालों को नापसंद करता है।
उल्टे 'V' के आकार का 't'	यह विशेष लेखक कभी डिगता नहीं है और अपने पैरों को अच्छी तरह जमाये रखता है। वह जिद्दी है।अपनी धारणाओं को ले कर उसका विश्वास दृढ़ है। यह स्वच्छंद विचार रखता है।केवल तार्किक और ठोस सलाह मिलने पर ही यह अपने विचार या धारणाएं बदलेगा।

't' को काटना: 't' के धड़ या तने (Trunk or Stem) को काटे जाने की लंबाई व्यक्ति की इच्छा-शक्ति, जीवनी-शक्ति, ऊर्जा, गतिशीलता, उत्साह और दृढ़ संकल्प का लेखा-जोखा और माप इंगित करती है।

प्रकार (Type)	हस्तलेखानुमिति संकेतक (Graphological Indicator)
हल्के दबाव के साथ छोटे 't' अक्षर को काटना (Crossing)	इस लेखक में अपनी परियोजनाओं को पूरा करने की इच्छाशक्ति और आंतरिक शक्ति की कमी है। उसके पास उथला उत्साह है, अल्पकालिक ऊर्जा है। उसका अभियान केवल अपनी निजी परियोजनाओं को पूरा करने तक सीमित है। वह अनिर्णायक,निराशापूर्ण, डरपोक और कमजोर है।
't' की औसत काट (Average Crossing)	इस विशेष लेखक का एक संतुलित स्वभाव है, मध्यम मार्ग का अनुसरण करता है, अपने उपक्रमों और आकांक्षाओं में उदार है। आत्म नियंत्रित। शांत और औसत भौतिक स्वभाव है।
लंबा और भारी काट (Crossing) युक्त 't'	इस लेखक का एक शक्तिशाली व्यक्तित्व है। इसमें उच्च स्तर की ऊर्जा और दृढ़ संकल्प के साथ दृढ़ इच्छाशक्ति है। वह फुर्तीला, अडिग और अत्यधिक उत्साही है।
लंबी और पतली काट लिये 't'	इस लेखक में चमकने और उत्कृष्टता प्राप्त करने की इच्छा है लेकिन अपने लक्ष्यों को पूरा करने के लिए अपेक्षित गति व दिशा नहीं है। वह चीजों के लिए योजना बनाता है लेकिन अभियान, इच्छा और दृढ़ संकल्प की कमी के कारण उन्हें पूरा होते हुए नहीं देख पाता है।
लघु 't' काट (Crossing)	इस लेखक के पास अपने उपक्रमों या परियोजनाओं को बरकरार करने व पूरा करने के लिये बहुत कम गति या न्यूनतम ऊर्जा है।
't' काट (Crossing) की औसत से अधिक ऊंचाई	यह लेखक उन लक्ष्यों को प्राप्त करने का लक्ष्य रखता है जिनकी कार्यसिद्धि संभव हैं। वह अपनी सामर्थ्य और दुर्बलताओं का ईमानदार मूल्यांकन करता है। वह अपने पास उपलब्ध साधनों की सीमा के भीतर रहकर काम करता है। वह विश्वसनीय, दृढ़ और कृतसंकल्प है। उसका आत्म-सम्मान औसत से ऊपर का है।

(Contd.)

प्रकार (Type)	हस्तलेखानुमिति संकेतक (Graphological Indicator)
't' की ऊंचाई पर काट (Crossing)	यह महत्वाकांक्षी लेखक अपने सपनों और लक्ष्यों की ओर बढ़ता है। उसके पास बहुत उच्च आत्म-मूल्य है। वह सफलता के गाथाओं का आनंद लेता है और अनुमान लगाता है कि वह कितनी दूर छलांग लगा सकता है। जोखिम और चुनौतियों को स्वेच्छा से स्वीकार करता है। एक भविष्यवादी दृष्टिकोण रखता है। दृढ़ धारणा व दृढ़ विश्वास रखता है। अच्छे पारस्परिक संबंधों को स्वीकार करते हुए आशावादी हो कर कोई भी अतिरिक्त जिम्मेदारी स्वेच्छा से लेता है।
't' के तने के ऊपर से काट (Crossing)	यह लेखक आदर्शवादी व स्वप्नजीवी है। अपनी कल्पनाशील दुनिया में एक काल्पनिक जीवन जी रहा है। वह बादलों में और उनके परे देखता है। वह अतिरिक्त जोखिम उठा सकता है और अपने ऊंचे लक्ष्यों को प्राप्त कर सकता है। वह सशक्त व गतिशील है और स्वेच्छा से नेतृत्व की भूमिका स्वीकार करता है।
't' के तने को निचले हिस्से से काटना (Crossing)	इस विशेष लेखक के पास केवल अपने तात्कालिक और कम दूरी के लक्ष्यों की अंतर्दृष्टि है। वह अपने आत्म-मूल्य तथा अपने महत्व, दोनों को ही कम आंकता है। वह गपशप करने वाला, आलोचनात्मक, अहंकारी, अभिमानी, श्रेष्ठता की ग्रंथि (Superiority Complex) से ग्रस्त व आत्म-केंद्रित है। संकीर्ण सोच वाला, बहाने बनाने वाला व ईर्ष्यालु है। बोरियत से ग्रस्त है। सकारात्मक समालोचना स्वीकार करने में असमर्थ है। अशिष्ट व भद्दा है। सच्चा दोस्त नहीं है। उत्तेजनाओं के प्रति संवेदनशील है। भावनात्मक उतार-चढ़ाव का सामना करता है। दूसरों से अनुमोदन और मान्यता चाहता है। बाहर से प्रेरित है। लंबी - चौड़ी हाँकता है। डरपोक और विनम्र है। निश्चयात्मक नहीं है। अनुरूपतावादी है। हुकुम बजाता है। आत्म प्रदर्शन करता है। अपने अधिकारी के खिलाफ विद्रोह करता है। असामाजिक, पीछे हटने वाला, अपनी प्रशंसा को आसानी से स्वीकार न करने वाला और भौतिकतावादी है। उसमें अभिमान की कमी है। लेने वाला है किन्तु देने वाला नहीं है। भ्रमित है। बहस करने वाला व पथभ्रष्ट है। असुरक्षित महसूस करता है। अस्वीकार में रहता है। आत्म संदेह करता है। आत्म-दुर्व्यवहार में लिप्त हो सकता है। दूसरों के साथ नकारात्मक रूप से तुलना करता है। नेतृत्व करने के लिये आगे बढ़ने का प्रयत्न नहीं करता। अकारण बेचैन रहता है। उसका हौसला बढ़ाने और विकास करने की जरूरत है। जब तक वह अपने आत्म-मूल्य को पहचान न ले, तब तक वह एक अप्रयुक्त सोने की खान के समान है।

प्रकार (Type)	हस्तलेखानुमिति संकेतक (Graphological Indicator)
लहरदार और वक्री 't' काट (Undulating & Curvy 't' Crossing)	लेखक में लालित्य और अलंकरण के प्रति प्यार है।वह सरल है। हास-परिहास की अच्छी भावना प्रदर्शित करता है। वह सजीला व सजीव है। वह आमोद - प्रमोद पसंद करता है। अपने कार्यक्षेत्र में स्वतंत्रता चाहता है। वह अपने बारे में बातें करने में लिप्त रहता है। प्रसिद्धि और प्रचार के लिए तरसता है और दूसरों को अपनी निपुणता और चतुराई दिखलाता है।
आपस में गुंथी हुई या उलझी हुई पेचीदा काट लिये हुए 'i' (Crossing)	यह लेखक निरंतर व दृढ़ है। उसे कभी-कभी प्रोत्साहन की आवश्यकता होती है। उसकी विचार प्रक्रिया तार्किक है। अपनी चुनौतियों का जवाब तलाशने के लिए उद्‌यम करता है। अपने दृष्टिकोण में जिद्दी और दृढ़ है।
'i' में बायीं ओर झुकाव लिये हुए काट (Crossing)	इस लेखक को अपने आत्म-सम्मान को मजबूत करने के लिए एक उत्साहपूर्ण वार्ता की आवश्यकता है। चिंताजनक व छिद्रान्वेषी आत्म-संदेह भरे विचार स उसके दिमाग में बार-बार आते रहते हैं। उसका आत्मविश्वास कम हो सकता है और वह भावनात्मक रूप से आहत हो सकता है। वह आलसी और टालमटोल करने वाला भी है
't' में कांटेनुमा काट (Crossing)	लेखक दृढ़ निश्चयी, आग्रही व निरंतर है। किसी काम को करते हुए हार मानने से इंकार करता है और आगे बढ़ने में विश्वास रखता है। वह अतार्किक है। परिरक्षक है। कड़वा है। बदला लेने वाला, जिद्दी, दुष्ट, हृदयहीन, बुरा व परपीड़क हो सकता है।
't' में तम्बू के आकार की काट '1' (Crossing)	यह लेखक रक्षात्मक और सतर्क है।
't' में आंतरिक धनुषाकार काट (Crossing)	यह लेखक देखभाल करने वाला, परिरक्षण करने वाला, संकोची, आत्म-नियंत्रित व आत्म-अनुशासित है। आत्म-सुधार हेतु धर्मयुद्ध करता है। अपने लक्ष्यों को प्राप्त करने के लिये अपनी इच्छा को मोड देता है। अपने जुनून का अपनी परियोजनाओं और सपनों को पूरा करने के लिये उत्पादक के रूप में प्रयोग करता है।

(Contd.)

प्रकार (Type)	हस्तलेखानुमिति संकेतक (Graphological Indicator)
't' में डिश के आकार की काट (Crossing)	यह लेखक खुला, भोला व विश्वसनीय है। आसानी से धोखा खानेवाला है। उथला व अस्थिर है। दोषी विवेक को आश्रय देता है और एक कमजोर इच्छाशक्ति रखता है। वह अपनी क्षमता को जान सकता है, लेकिन उसमें उस क्षमता का दोहन करने की इच्छाशक्ति की कमी है। वह अपना सर्वश्रेष्ठ नहीं देता है और पीड़ित कार्ड खेलता है। आत्म-भोगी और कल्पनाशील है।
't' में दांतेदार अंत वाली काट (Crossing)	यह लेखक व्यंग्यात्मक, आलोचनात्मक, गाली-गलौज करने वाला, सदूसरों को चोट पहुँचाने वाला, क्रोधी, क्रोधी और अधीर है।
't' में घटती हुई काट	लेखक के पास क्षीण और घटती ऊर्जा का भंडार है। उसे अपने जुनून को फिर से जगाने के लिए समय-समय पर कुहनी मारने की जरूरत पड़ सकती है
't' में लाठी या गदा से प्रहार की काट (Crossing)	यह लेखक निर्दयी, निर्मम, क्रूर, कुंद, निरंकुश और दबंग है।
't' में काट (Crossing) का अभाव	यह लेखक विचारहीन है। आकस्मिक, जल्दबाजी में लापरवाह, विद्रोही, एक खराब आत्म-कल्पना है और बहुत कम ऊर्जा का स्तर है।
't' के तने के बायीं ओर काट (Crossing)	लेखक टालमटोल करने वाला है। परियोजनाओं को पूरा करने के लिए उसकी ऊर्जा कम है। वह असफल होने के डर से निश्चित कार्रवाई करने से डरता है या रोकता है।

प्रकार (Type)	हस्तलेखानुमिति संकेतक (Graphological Indicator)
't' के तने के दाहिनी ओर काट (Crossing)	इस लेखक में हड़बड़ी सिंड्रोम है। तेज गति से चलने वाला है। उत्तरदायी, आवेगी, अपने रास्ते में आने वालों के लि, असहिष्णु, बेचैन, नखरे दिखाने वाला, कभी-कभी प्रतिक्रियाशील और असंयमित हो सकता है। परिणाम या प्रतिक्रिया की चिंता किये, जो उसके मन में आता है वह सब, बिना सोचे-समझे बोल देता है। आवेगी और ऊर्जावान है।
't' की नीचे की ओर झुकती हुई काट (Crossing)	यह लेखक केंद्रित व नियंत्रित है। इसमें मजबूत इच्छाशक्ति है। रौबदार है। आक्रामक, धौंस देने वाला, अति महत्वाकांक्षी और उद्दामध्क्रूर है।
't' की उठती हुई काट (Crossing)	यह लेखक उत्साह प्रदर्शित करता है। हंसमुख, उत्साही व आशावादी है। अपने लक्ष्यों, सपनों और आकांक्षाओं को प्राप्त करने के लिए प्रेरित है। वह आशावादी, महत्वाकांक्षी, भविष्योन्मुखी और व्यवहार-पटु है।

अध्याय - 11

मनोवैज्ञानिक शब्दावली

(Glossary of Psychological Terms)

विलक्षणतायें (Traits)	हस्तलेखानुमिति संकेतक (Graphological Indicators)
अनुपस्थित विचार वाले (Absent - Minded)	इस लेखक के शब्दों में अक्षर गायब हैं। विराम चिह्न गायब हैं। अक्षर 't' को पट्टियाँ लगाकर काटा नहीं गया है। ये पट्टियाँ तने के ऊपर हैं। अक्षर 'i' पर बिन्दु नहीं है।
मतिहीनता (Abstraction)	इस लेखक के कुछ शब्दों में अक्षर गायब हैं। अक्षर 't' की पट्टियाँ तने के ऊपर हैं। कुंडलीनुमा उच्च ऊपरी क्षेत्र हैं।
शुद्धता (Accuracy)	इस लेखक का एक छोटा मध्य क्षेत्र है। सुपाठ्य लेखन है। अक्षर 'i' के बिन्दु औए 't' की पट्टियाँ गायब नहीं हैं।
संग्रहशील यानी प्राप्त करने की लालसा वाला (Acquisitive)	यदि लेखक के ऊपरी क्षेत्र में हुक है तो वह बौद्धिक अधिग्रहण करना चाहता है, मध्य क्षेत्र में हुक वाला भौतिक अधिग्रहण और निचले क्षेत्र में हुक वाला शारीरिक अधिग्रहण करना चाहता है।
स्नेह (Affection)	इस लेखक की एक गोल लिपि है जो एक लंबवत या नियंत्रित दाहिनी ओर तिरछापन लिये हुए है।
अनुकूलनीय (Adaptable)	यह लेखक लिखावट में तेजी लिये हुए है। समन्वित रूप में आंदोलित है। लिखावट में नियमितता है। साफ - सुथरे शब्द हैं जो कि परस्पर अक्षर - संयोजन से जुड़े हुए हैं।
आक्रामकता (Aggressiveness)	इस लेखक के पास कोणीय लेखन और नीचे की ओर पार्श्व संकीर्ण शब्द रिक्ति है। दृढ़ दबाव है। दृढ़ 't' पट्टियाँ हैं।
फुर्तीला (Agile)	इस लेखक के पास कोणीय लिपि, बड़ी लिखावट और जल्दबाजी में लिखे गए अक्षर हैं जो अच्छी तरह से नहीं बने हैं।

विलक्षणतायें (Traits)	हस्तलेखानुमिति संकेतक (Graphological Indicators)
मादक द्रव्यों का सेवन करने वाला (Alchoholic)	इस लेखक के पास एक भ्रमित, अस्पष्ट और लयहीन लिखावट है। असमान तिरछापन है। अवरोही आधार रेखा है। लेखनी के दबाव में भिन्नता है। अक्षरों को लिखने में हुक, पंजे और खंजर बनाता है। कैपिटल अक्षर छोटे हैं। हस्ताक्षर अस्पष्ट हैं।
अलग रवैये वाला (Aloof)	इस लेखक के अक्षरों में तोरण लिए हुए संयोजन हैं। शब्दों के बीच मौजूद खाली स्थान लम्बवत या बायीं ओर तिरछा संकरा है।
दूसरों का उपकार करने का सिद्धान्त (Altruism)	इस लेखक का लंबा ऊपरी क्षेत्र है। अस्थिर अक्षर विन्यास है। मालानुमा संयोजन लिये सुपाठ्य लिपि है। दाहिनी ओर तिरछा और उच्च अंत आघात (जतवाम) लिये हुए है।
महत्वाकांक्षा (Ambition)	अक्षर 't' की पट्टियाँ उच्च स्थान पर हैं। तिरछापन आरोहण लिये हुए है। अक्षर 't' की पट्टियाँ दृढ़ता लिये हैं। कैपिटल अक्षर बड़े हैं। पार्श्व, सीधी आधार रेखा और श्कश् के नीचे हुक है।
रसिक (Amorous)	इस लेखक के पास समृद्ध सजावटी अक्षर हैं जो दाहिनी तरफ को कुंडलियाँ व दाहिनी ओर ढलान लिये हुए हैं।
विश्लेषणात्मक (Analytical Inteligence)	बुद्धिमत्ता इस लेखक की लिखावट छोटी, कोणीय और सरलीकृत है। लिखावट के क्षेत्र संतुलित हैं।
गुस्सा (Anger)	इस लेखक के 't' की पट्टियाँ कटार के आकार की हैं। भारी से दृढ़ दबाव है। नीचे की तरफ जाते हुए दुहराव लिये हुए आघात हैं। बायीं ओर झुकाव लिये संकुचित मध्य क्षेत्र है। कुंद नोंक वाला 'd' है।
सामाजिक नियमों की अवहेलना करने वाला (Antisocial)	इस लेखक के 'y' और 'g' छोटी कुंडली लिये हुए हैं। संकुचित निचला क्षेत्र है। नीचे की तरफ दोहराव लिये आघात हैं। बायां तिरछापन लिये एक संकुचित मध्य क्षेत्र है।
सुलभ (Approachable)	इस लेखक की दक्षिणपंथी प्रवृत्ति और मध्यम मध्य क्षेत्र है।
विवादपूर्ण (Argumentive)	इस लेखक के पास उच्च शुरुआत वाले आघात (Stroke) हैं। अक्षर 't' की नीचे की दिशा में जाती हुई हुकदार पट्टियाँ हैं।

(Contd.)

विलक्षणतायें (Traits)	हस्तलेखानुमिति संकेतक (Graphological Indicators)
अक्खड़ या हेकड़ (Arrogant)	इस लेखक की लिखावट लंबवत तिरछापन लिये हुए है।कैपिटल अक्षर बड़े आकार के हैं। आघात (जतवामे) दृढ़ हैं।अक्षर घना छायांकित प्रारूप लिये हैं।
कलात्मक (Artistic)	इस लेखक का 'd' कलात्मकता लिये हुए है। अक्षर 'e' सिग्मा के आकार का है। अक्षर 'g' उत्कर्ष लिये हुए (Flourishing) है।
आकांक्षी (Aspiring)	इस लेखक के पास एक प्रभावशाली और विस्तृत ऊपरी क्षेत्र। है। अक्षर 't' की पट्टियाँ आरोही हैं। आरोही या अवतल आधार रेखाएँ हैं।
निश्चयात्मक (Assertive)	इस लेखक की लिपि कोणीय है। प्रमुख मध्य क्षेत्र है। कैपिटल अक्षर दृढ़ता लिये हुए हैं। हस्ताक्षर बड़े आकार के हैं।
हृष्ट - पुष्ट / लोकप्रिय (Athletic)	इस लेखक का एक लंबा निचला क्षेत्र है जो संकरा है और नीचे की ओर नुकीला है। ऊपर की ओर जाती आधार रेखायें हैं। अक्षर 't' की पट्टियाँ दृढ़ता लिये हुए हैं। छोटा ऊपरी क्षेत्र और सुपाठ्य मध्य क्षेत्र है।
सावधान (Attention)	इस लेखक की लिखावट छोटी है। अक्षर 'i' और 'j' के बिन्दु तने के ऊपर बिल्कुल पास लगाये गये हैं।
विशेषज्ञ / प्राधिकारी (Authority)	इस लेखक के पास मजबूत दबाव व बड़ी लिखावट है जो दाहिनी ओर तिरछापन लिये हुए है। नीचे की ओर जाने वाले आघातों में कोई भिन्नता नहीं है। हैं
सीधा - सादा (Austere)	इस लेखक की लिखावट में दृढ़ आघात हैं।अक्षरों का विस्तार नहीं किया गया है। विराम चिह्न गायब नहीं हैं।
लोभी (Avarice)	इस लेखक की शुरुआत लंबवत या बायीं ओर है। अक्षर घनापन लिये हैं। अंतिम अक्षर अचानक समाप्त हो जाते हैं। आघात के अंत में दिखाई देने वाले हुक और विराम चिह्न गायब हैं।
परोपकारी (Benevolent)	इस लेखक के अक्षर दाहिनी ओर बढ़त लिये हुए हैं। कुंडलीयुक्त निचले अक्षरों का ऊपरी आघात बाएँ तिरछे के बजाय दाहिनी ओर मुड़ता है।
डींग हाँकने वाला (Boastfu)	इस लेखक के पास दाहिनी ओर बढ़त लिये हुए अक्षर हैं। अक्षर 't' 'और 'd' कुंडलीनुमा हैं। कैपिटल अक्षर बड़े हैं। बड़े हस्ताक्षर हैं।

विलक्षणतायें (Traits)	**हस्तलेखानुमिति संकेतक (Graphological Indicators)**
निडर (Bold)	इस लेखक के पास एक बड़ी लिपि है। अक्षर 't' की पट्टियाँ दृढ़ता लिये हुए हैं। हस्ताक्षर बड़े हैं।
वीरता (Bravery)	इस लेखक के अंतिम आघात दाहिनी ओर आरोही हैं। ये आघात भारी होते जाते हैं और अंत में छायांकित होते हैं। कैपिटल अक्षर बड़े हैं। क्षैतिज आघात (Horizontal Strokes) के अंत में हुक हैं।
खुला मस्तिष्क (Broadminded)	इस लेखक के पास व्यापक शब्द निर्माण हैं।
निर्दयी / क्रूर (Brutal)	इस लेखक के पास अलग-अलग आकार के छोटे-छोटे अक्षर हैं। नीचे के आघात (Strokes) छायांकित हैं, लंबवत हैं। अक्षरों को दाहिनी ओर विस्तारित नहीं किया गया है। कैपिटल अक्षरों के आकार में उतार-चढ़ाव होता है।
कुंद (Blunt)	इस लेखक के पास खुले ओवल (Ovals) और मुद्‌गर के आकार के 'y' और 't' हैं।
ऊबा हुआ (Bored)	इस लेखक के पास लिखावट सीखने के नमूनों की भरमार है। लिखावट नीरस है।
व्यावसायिक कौशल (Business Accumen)	इस लेखक की लिखावट परस्पर गूँथे गए अक्षर लिए हुए है। इसके 'i' के बिन्दु और 't' की पट्टियाँ आपस में संयोजित हो कर अगले अक्षर से जुड़ गयी हैं। निचला क्षेत्र गुब्बारे की तरह फूला हुआ है।
प्रफुल्लित / जोशीली आत्मा (Buoyant Spirit)	इस लेखक की बायीं से दायीं तरफ को बढ़ती हुई पंक्तियाँ आरोही होती हैं।
मतलबी / हिसाब-किताब लगाने वाला (Calculative)	इस लेखक के 'm' व 'n' नीचे की तरफ झुकाव लिये होते हैं। अपठनीय लिपि और अपठनीय हस्ताक्षर हैं।
शांत - चित्त (Calm)	इस लेखक की 'i' के बिन्दु की गोलाइयाँ सीमायें लिये हुए (Round Copy Book) हैं। पर्याप्त दूरी लिये हुए अक्षरों व शब्दों से युक्त गोलाकार फ़लक लिये हुए लिखावट है।
लापरवाह (Careless)	इस लेखक की लिखावट में 'i' व 'j' के बिन्दु तथा 't' की पट्टियाँ नहीं मिलती। विराम चिह्न गायब हैं और जल्दबाजी में लिखी गई लिपि है
Caring (देखभाल करने वाला)	इस लेखक की लिखावट गोलाकार फ़लक लिये हुए है। माला की तरह के संयोजन हैं। दाहिनी ओर तिरछापन लिये हुए मध्यमध्छोटा मध्य क्षेत्र है।

(Contd.)

विलक्षणतायें (Traits)	हस्तलेखानुमिति संकेतक (Graphological Indicators)
क्षमता (Capability)	इस लेखक की लिखावट पर्याप्त दूरी तथा समान आकार के अक्षरों व शब्दों वाली पंक्तियाँ लिये हुए है। अक्षरों का संयोजन अच्छा व साफ - सुथरा है। अक्षर 't' की पट्टियाँ व हस्ताक्षर दृढता लिये हुए हैं।
तीखापन / कटुता (Causticity)	इस लेखक की लिखावट कोणीयता लिये हुए है। अक्षर 't' की पट्टी खंजर के आकार की है। अक्षर 'f' पीठ में कटाव लिये हुए है।
उदारता / दान की भावना (Charity)	इस लेखक का झुकाव दाहिनी ओर है व अक्षरों के अंत लंबाई लिये हुए हैं।
उत्साह (Cheerfulness)	इस लेखक के पास आरोही आधार रेखाएँ, एक सुपाठ्य लिपि और नियंत्रित दाएँ तिरछे हस्ताक्षर हैं।
आत्मसंयम (Composure)	यह लेखक उचित विराम चिह्न लगाता है। अक्षर 't' की पट्टी को तने के केंद्र में लगाया गया है। अक्षरों के अंत दाईं ओर ऊपर की ओर मुड़े हुए हैं। औसत आकार के बड़े अक्षर हैं। सुपाठ्य हस्ताक्षर हैं।
दंभ / गुमान (Conceit)	इस लेखक के पास शब्दों के भीतर सीमित स्थान है। बड़ी कैपिटल अक्षर हैं। लिखावट अलंकृत है।
एकाग्रता (Concentration)	इस लेखक के पास छोटे अक्षर हैं। सरल स्पष्ट लिखावट है जिसमे कोई बनावट नहीं हैं।
रूढ़िवादी (Conservative)	इस लेखक की लिखने की एक निश्चित शैली है। अक्षरों में कोई मौलिकता नहीं है। बाएं हाशिये संकीर्ण और प्रतिबंधित हैं। निचले क्षेत्र छोटे हैं।
संचार कौशल (Communication Skills)	इस लेखक में कोणीयता है जो दाहिनी तरफ तिरछापन लिये है। दाहिनी ओर प्रवृत्ति है। अलग-अलग दबाव हैं। अक्षरों के बीच संकरी दूरी है।
प्रतिस्पर्द्धी (Competitive)	इस लेखक की लिखावट में प्रबल दबाव है। 'm' और 'n' सुई की नोंक युक्त कोणीय बनावट लिये हुए हैं। दक्षिणावर्त प्रवृत्तियाँ हैं। विराम चिह्न और 't' की पट्टियाँ प्रबलता लिये हुए हैं।
आत्मविश्वासी (Confident)	इस लेखक के कैपिटल अक्षर प्रबल हैं। स्पष्ट और पठनीय लिखावट है। दृढ आधार रेखा है। 'टी" की पट्टियाँ दृढता लिये हुए हैं। व्यक्तिगत सर्वनाम "I" बड़े आकार का है।

विलक्षणतायें (Traits)	हस्तलेखानुमिति संकेतक (Graphological Indicators)
रिवायत परस्तध्अनुसारक (Conformist)	इस लेखक की लिखावट पाठ्य पुस्तक जैसी है।
सहयोगी (Cooperative)	इस लेखक के पास एक गोल लिपि और सामान्य मध्य क्षेत्र है।
साहस (Courage)	इस लेखक के अक्षर दाहिनी ओर झुके हुए हैं। आघात दृढ़, अंत की ओर भारी हैं। कैपिटल अक्षर बड़े हैं। बड़े व सुपाठ्य हस्ताक्षर हैं।
कायरता (Cowardice)	इस लेखक की लिखावट गंदी, भद्दी व छोटे अक्षरों वाली है। अक्षर नीचे की ओर समाप्त होते हैं।
विनम्र (Courteous)	इस लेखक के सुपाठ्य हस्ताक्षर हैं। मालानुमा संयोजन लिये सुपाठ्य लिखावट है।
नाजुक / गंभीर (Critical)	इस लेखक के अक्षर 'i' में तम्बू (Tent) के आकार के बिन्दु लगे हुए हैं। अक्षर 't' की पट्टियाँ कटार का आकार लिये हुए हैं। अक्षर 'm' व 'n' सुई की नोंक की तरह नुकीलापन लिये हुए हैं।
निर्दयी (Cruel)	इस लेखक के 'g' 't' और 'y' में हुक हैं। अक्षर 't' की पट्टियाँ नीचे की ओर कटाव लिये हुए हैं। धारदार 'm' और 'n' हैं। भारी से अत्यधिक भारी दबाव लिये हुए भद्दी व अपरिष्कृत लिखावट है।
आलोचना / छिद्रान्वेषण (Criticism)	इस लेखक के छोटे अक्षरों के शीर्ष नुकीलापन लिये हुए हैं। अक्षर 't' की पट्टियाँ व 'i' के बिन्दु कटार की आकृति लिये हैं।
चालाक (Cunning)	यह लेखक अलग-अलग आकार के छोटे-छोटे अक्षरों में लिखता है। ओवल (Ovals) यानि a, d, g, o और q बंद हैं। अस्थिर आधार रेखाएँ हैं। अक्षर 'एम' और 'एन' के शीर्ष नुकीले हैं। लिखावट तथा हस्ताक्षर गूँथे हुए अस्पष्ट अक्षर लिये हुए हैं।
निर्णयात्मक (Decisive)	इस लेखक की लिखावट तेज व दृढ़ है। शब्दों का समापन स्थिरता व कडा दबाव लिये हुए है। लिखावट में कोई शुरुआती आघात (ैजतवाम) नहीं हैं। आधार रेखा सीधी है।
विश्वसनीय (Dependable)	इस लेखक की लिखावट में 't' की पट्टियाँ ऊंचाई पर हैं। कैपिटल अक्षर व हस्ताक्षर दृढ़ता लिये हुए हैं।

(Contd.)

विलक्षणतायें (Traits)	हस्तलेखानुमिति संकेतक (Graphological Indicators)
रक्षात्मक (Defensive)	इस लेखक की लिखावट बायीं तरफ झुकाव लिये हुए है। अक्षर 'i' व 't' तम्बू की आकृति लिये हुए हैं। बायीं तरफ झुकाव लिये झूलते हुए 'm' व 'n' हैं। प्रवृत्ति बायीं ओर है।
अवसादग्रस्त (Depressed)	इस लेखक की आधार रेखाएँ अवरोही हैं।अस्थिर तिरछापन लिये झुकाव हैं। शब्द लटकता हुआ अंत लिये हुए हैं। अक्षर 't' की पट्टियाँ दुर्बल व निचाई पर हैं। आधार रेखा के नीचे जाने वाले आघात हैं। घसीट कर लिखे हुए और अपठनीय हस्ताक्षर हैं।
दृढ़ निश्चय वाला (Determined)	इस लेखक के अक्षर 't' की पट्टियाँ दृढ़ता लिये हुए हैं। नीचे की ओर जाते हुए एकल दृढ़ आघात हैं। ऊपर की ओर आघात लिये आधार रेखा के ऊपर समाप्त होने वाले सशक्त अक्षर (y's और g's) हैं।
गरिमा ध्मर्यादा (Dignity)	इस लेखक के पास नीचे की ओर गिरते, दृढ़ता लिये आघात हैं। उच्च ऊपरी क्षेत्र और बड़े हस्ताक्षर हैं।
कूटनीतिक (Diplomatic)	इस लेखक के द्वारा अंकित B, 3, m, w और n में दूसरी कुंडली (Loop) का आकार छोटा है। गूँथी हुई लिखावट है।
बेईमान (Dishonest)	इस लेखक की लिखावट धीमी, कृत्रिम और शैलीबद्ध है जिसमें अनावश्यक स्पर्श हैं। असमान अंत है। अत्यधिक संशोधन की मांग करती है। आच्छादित आघात हैं। विराम चिह्न गायब हैं। कुंडली की गोलाई लिये हुए जटिल ओवल (Ovals) यानी a,d,g,o और q हैं।
व्याकुलता (Distraction)	इस लेखक की लिखावट में सामंजस्य की कमी है। ऊंचाई और दबाव में उतार -चढ़ाव है। अक्षरों के प्रारूप में अनियमितता है। अक्षर रूप टूटना और रुकना लिये हुए हैं। तिरछापन भिन्नता लिये हुए है। लिखावट बड़े आकार की है। अक्षर 'i' व 'j' के बिन्दु और 't' की पट्टियाँ गायब हैं।
शंकालु (Distrust)	इस लेखक की लिखावट में शब्दों के बीच के रिक्त स्थान को भरने के लिए काफी लंबे अक्षर हैं, जो कृत्रिमता लिये हुए हैं।
नम्रता (Docility)	इस लेखक की लिखावट विनम्रता लिये है। कैपिटल अक्षर छोटे हैं। हस्ताक्षर छोटे और अपठनीय हैं।
घमंडी (Domineering)	इस लेखक के 't' अक्षर की पट्टियाँ खंजर का आकार व नीचे की ओर धारदार अंत लिये हुए हैं।

विलक्षणतायें (Traits)	हस्तलेखानुमिति संकेतक (Graphological Indicators)
गति (Drive)	इस लेखक का 't' दृढ़ पट्टियाँ लिये हुए है। लिखावट नीचे की ओर जाते एकल आघात (Strokes) व सशक्त निचले आघात लिये हुए है जो आधार रेखा के ऊपर ('y' और 'g') का अनुसरण करते हुए समाप्त होते हैं।
कुटिल / चालाक (Devious)	इस लेखक की पंक्तियाँ अनियमित होती हैं। ओवल (Ovals) अक्षर a,d,g,o और q बंद होते हैं।
दोहरा व्यक्तित्व (Dual Personality)	इस लेखक की लिखावट में कई तिरछे झुकाव हैं जो इसके अंतर्मुखी से बहिर्मुखी होने का संकेत देते हैं।
गतिशील (Dynamic)	इस लेखक की लिखावट तेज है। लिखावट में कोई शुरुआती आघात नहीं है। दाहिनी तरफ प्रवृत्त लिखावट है। आरोही हस्ताक्षर, 't' पट्टियाँ और आधार रेखायें हैं।
विलक्षण व्यक्ति (Eccentric)	यह लेखक अक्षर लेखन की विलक्षण शैली,शब्द प्रारूप और अपाठ्य लिपि लिये हुए है।
मितव्ययी (Economic)	इस लेखक के द्वारा लिखे गए अक्षर बहुत पास-पास स्थित हैं। बायीं तरफ और दाहिनी तरफ के हाशिये संकीर्ण हैं।
अहंभाव (Egotism)	इस लेखक की लिखावट सजावट से निरंतर समृद्ध होती हुई है। विस्तार लिये हुए कैपिटल अक्षर हैं। बड़े हस्ताक्षर और एक लंबा ऊपरी क्षेत्र है।
भावनात्मक रूप से उत्तरदायी (Emotionaly Responsive)	इस लेखक का झुकाव दाहिनी ओर है।
भावनात्मक रूप से निर्लिप्त (Emotionaly Withdrawn)	इस लेखक के पास बाएँ से छोड़ा हुआ स्पष्ट बायां तिरछा झुकाव है।
भावनात्मक रूप से स्थिर (Emotionaly Stable)	इस लेखक की एक दृढ़ आधार रेखा है और एक नियंत्रित बायां / लम्बवत / दाहिना तिरछा झुकाव है।
समानुभूति (Empathy)	इस लेखक के अक्षर संयोजन मालानुमा हैं और दाहिनी ओर प्रवृत्त हैं। अक्षर लचीला अंत लिये हुए है। मध्यम से छोटा मध्य क्षेत्र है।
ऊर्जा सम्पन्न (Energetic)	इस लेखक की लिखावट लेखनी का दृढ़ दबाव लिये हुए, दाहिनी ओर प्रवृत्त है। विस्तार लेता हुआ चौड़ा हाशिया है। तेज लिखावट है। सीधी आधार रेखा है। अक्षर 't' की पट्टियाँ दृढ़ता लिये हुए हैं।

(Contd.)

विलक्षणतायें (Traits)	हस्तलेखानुमिति संकेतक (Graphological Indicators)
अनियमित (Erratic)	इस लेखक की लिखावट असमान है। अक्षरों का आकार बदलता रहता है। पंक्तियों के बीच में अनियमित अंतराल रहता है।
कपटपूर्ण (Evasive)	इस लेखक की लिखावट बायीं ओर प्रवृत्त है। ओवल (व्अंसे) कुंडली(स्ववच) लिये हुए हैं। आच्छादित आघात (Covering Strokes) हैं। हस्ताक्षर टोपी धारण किए हुए हैं।
अतिशयोक्तिपूर्ण (Exaggeration)	इस लेखक का मध्य क्षेत्र बड़ा है। अक्षर अलंकृत है। आघात (Strokes) उच्च अंत लिये हुए हैं।
उत्तेजित होने का स्वभाव (Excitable)	यह लेखक बिन्दु (Dots)के स्थान पर दीर्घीभूत (Elongated) योजक चिन्ह डैश (Dash) का प्रयोग करता है।
विशिष्टता (Exclusiveness)	इस लेखक का मध्य क्षेत्र संकुचित है। ओवल (Ovals) अक्षर a,d,g,o और q बंद हैं।
फिजूलखर्च (Extravagent)	यह लेखक कागज की बर्बादी करता है और विस्तृत से अति विस्तृत लिखित अक्षरों का प्रयोग करता है।
बहिर्मुखता (Extroversion)	यह लेखक दाहिनी ओर प्रवृत रहता है। भारी से दृढ़ दबाव लिये है। शुरुआत में कोई आघात (Stroke) नहीं हैं। महत्वपूर्ण मध्य क्षेत्र लिये हुए है।
थकान (Fatigue)	इस लेखक की लेखनी हल्का दबाव लिये हुए है। अक्षर 't' की पट्टियाँ कमजोर हैं। लिखावट हल्की है।
भय (Fear)	यह लेखक दूरतम से बायीं ओर तिरछा झुकाव लिये हुए है जो स्पष्ट दिखाई पड़ता है। अक्षर 't' की पट्टियाँ नीचे की तरफ लगी हैं। कैपिटल अक्षर छोटे आकार के हैं। अक्षर 'i' और 'j' के बिन्दु तने की बायीं ओर लगे हुए हैं। ओवल (Ovals) अक्षरों a,o,d,g और q की कुंडलियाँ (loops) दुगना आकार लिये हैं। गोल लिपि है। हस्ताक्षर हल्का दबाव लिये व अस्पष्ट हैं।
दुर्बलता (Feebleness)	इस लेखक की लिखावट अस्थिर है। आघात (Strokes) अवरोही और आरोही हैं जो कि कमजोर और अस्थिर हैं।
चंचलता (Fickleness)	इस लेखक के अक्षरों और लिखावट के रूप में बार-बार परिवर्तन होते हैं। दुर्बल व अस्पष्ट हस्ताक्षर हैं।

विलक्षणतायें (Traits)	हस्तलेखानुमिति संकेतक (Graphological Indicators)
चालाकी (Finesse)	इस लेखक के अक्षर छोटे-छोटे हैं जो शब्दों के अंत की ओर दाहिनी से बायीं ओर छोटे होते जाते हैं और जल्दबाजी में लिखे हुए होते हैं।
लचीला (Flexible)	इस लेखक की लिखावट मालानुमा है। कोणीयता लिये हुए है। अक्षर 'f' गिनती के '8' की आकृति लिये हुए है।
चापलूसी (Flattery)	इस लेखक ने 'd' और 't' को फुलाया है। लिखावट दुर्बल है।
इश्कबाज / चोंचलेबाज (Flirt)	इस लेखक का झुकाव दाहिना तिरछा है। अक्षर 'd' का आकार छोटा है जो कि दाहिनी ओर अंतिम आघात को दाहिनी ओर घुमाव देते हुए बनाया गया है।
दोस्ताना (Friendly)	इस लेखक की लिखावट में मालानुमा संयोजन हैं। दाहिनी ओर प्रवृत्त गोल - गोल लिखावट है। आखिरी आघात विस्तार लिये हुए हैं।
सफलता का भय (Fear of Success)	इस लेखक के 'y' और 'g' अधूरे बनाये गये हैं जो कि हवा में लटके हुए प्रतीत होते है।
विचारों की तरलता (Fluidity of Thoughts)	इस लेखक के 'f' की आकृति '8' का स्वरूप लिये हुए है। अक्षरों का संयोजन सुघड़ (Smart) है।
दूरदर्शिता (Foresight)	इस लेखक के पास एक संतुलित अंतर-क्षेत्रीय विन्यास है। उच्च ऊपरी क्षेत्र है। पंक्तियों के बीच में समुचित अंतर है।
स्पष्टवादी (Frank)	इस लेखक के ओवलों (Ovals) में कोई आंतरिक कुंडली (Loop)और दाहिने या बायें कोई कटाव नहीं है।
उदार (Generous)	इस लेखक की लिखावट खुलापन लिये और स्पष्ट है। अक्षरों के अंत के आघात (Stroke) दाहिनी ओर विस्तार लिये हुए हैं।
खाऊ / भुक्खड़ (Glutton)	इस लेखक का निचला क्षेत्र लंबा है।
गप मारना (Gossip)	इस लेखक के 'd' और 't' विस्तृत कुंडली(Loop) लिये हुए हैं। ओवल (Ovals) खुले हुए हैं। लिखावट दाहिनी तरफ तिरछा झुकाव लिये हुए है।
मलाल (Grief)	इस लेखक के पत्रों में अवरोही आधार रेखाएँ हैं जिनमें अक्षर लटकते हुए प्रतीत होते हैं।
लक्ष्य (Goals)	इस लेखक के 't' की पट्टियाँ ऊंचाई पर हैं। आधार रेखायें अवरोही हैं। भारी से मध्यम दबाव है।

(Contd.)

विलक्षणतायें (Traits)	हस्तलेखानुमिति संकेतक (Graphological Indicators)
लालच (Greed)	इस लेखक के मध्य क्षेत्र में हुक हैं। अक्षर ज्यादा घनापन लिये हैं। संकीर्ण से ले कर न के बराबर हाशिया लिये लिखावट है। निचला क्षेत्र ज्यादा फुलाव लिये हुए है।
अपराध बोध (Guilt Conciouness)	इस लेखक ने लिखावट में, जो आच्छादन (Covering) और अति आघात (Over Stroke) लिये हुए है, बहुत सारे सुधार किए हैं।
सीधा-सादा / भोला-भाला (Gullible)	इस लेखक की निचली कुंडलियाँ (Loops) खुली हुई हैं। अक्षर 't' की पट्टियाँ तश्तरी का आकार लिये हुए हैं। अक्षर 'm', 'n' और 'B' जैसे गोल अक्षरों में दूसरा कूबड़ पहले से बड़ा है। गोल बचकानी लिखावट और अपरिपक्व अक्षर प्रारूप हैं।
स्वास्थ्य (Health)	इस लेखक के पास एक स्थिर लेखन है। लंबी निचली कुंडलियाँ (Loops) हैं। नीचे के आघात छायांकित (Shaded)और दृढ़ हैं।
ईमानदारी (Honesty)	इस लेखक की लिपि सुपाठ्य, अनलंकृत और स्पष्ट है। कोई आंतरिक कुंडली (Loop) नहीं है। सीधी आधार रेखा व एकरूपता है। कोई अलंकरण नहीं है। अक्षर 't' की पट्टियाँ उचित स्थान पर लगी हुई हैं और दृढ़ हैं। हस्ताक्षर और लिखावट समान आकार की और सुपाठ्य है।
आशावान (Hopeful)	आरोही आधार रेखा है। अक्षर 't' की पट्टियाँ आरोही प्रकृत्ति की हैं। अंतिम अक्षरों के विस्तार का उपयोग रिक्त स्थानों को भरने के लिए नहीं किया गया है।
विनम्र (Humble)	इस लेखक की लिपि गोलाई लिये हुए है। कैपिटल अक्षरों का आकार छोटा है।
हास्य / विनोद (Humour)	इस लेखक के अंतिम अक्षर ऊपर की ओर मुड़े हुए हैं। अक्षरों के आकार को विस्तार दिया गया है। अक्षर 't' की पट्टियाँ लहरदार हैं।
पाखंडी (Hypocrite)	इस लेखक के अक्षर आधार पर टूटे हुए हैं। शब्दों के कुछ अंतिम अक्षर अपाठ्य हैं और घसीटा मार कर लिखे गये हैं। लिखावट अस्पष्ट और खराब है।
अनभिज्ञ या मूर्ख (Ignorant)	इस लेखक की लिखावट अपरिष्कृत और अशोभनीय है। विराम चिह्न अनुपस्थित हैं। वर्तनी गलत हैं। धीमी और अपरिपक्व लिखावट है।

विलक्षणतायें (Traits)	हस्तलेखानुमिति संकेतक (Graphological Indicators)
अपरिपक्व (Immature)	इस लेखक की लिखावट खराब है। अलग-अलग प्रकार के झुकाव हैं। शब्दों के आकार में बायें से दायें वृद्धि होती है। और माला जैसी अलंकृत लिखावट है।
अनैतिक (Immoral)	इस लेखक की लिखावट अपरिष्कृत और छायांकित है। शब्दों का प्रारूप खराब है। अक्षर 'h' की आकृति अक्षर 'n' के समान है।
अधीर (Impatient)	इस लेखक की लिखावट जल्दबाजी लिये हुए है। अक्षर 't' की पट्टियाँ शुरुआती हैं। अंतिम अक्षर नीचे की ओर मुखर हैं।
जल्दी प्रभावित होने वाला (Impressionable)	यह लेखक दाहिनी ओर सुस्पष्ट झुकाव लिये हुए है। अक्षर परस्पर संयोजित नहीं हैं।
अविवेकी (Inconsiderable)	यह लेखक घसीटा मार कर लिखी हुई, परस्पर गूँथे गये अक्षरों वाली, ढलान युक्त,खराब लिखावट वाला है। प्रारूपों में अस्पष्टता है।
आवेगशील (Impulsive)	यह लेखक हाशि, के दाहिने सिरे का उपयोग आखिर तक करता है। जल्दबाजी में रहता है। अक्षर 'i' के बिन्दु और 't' की पट्टियाँ दाहिनी ओर हैं।
दुविधाग्रस्त (Indecesive)	इस लेखक के पास झिझक भरी, अस्थिर और कमजोर लिखावट है।
स्वतंत्र (Independent)	इस लेखक की लिखावट लंबवत है लेकिन पाठ्य पुस्तक जैसा ढब (Style) नहीं है। अक्षर 'l' प्रबलता लिये हुए है। अक्षर 't' की पट्टियाँ दृढ़ता लिये हुए हैं। प्रबल हस्ताक्षर हैं। लंबा/सपाट ऊपरी क्षेत्र है। मध्य क्षेत्र का अवधारण (Emphasis) कमजोर है। कोणीय लिखावट है।
व्यक्तिवादी (Indivisualistic)	इस लेखक के 'i' के बिन्दु गोल आकार के हैं। कैपिटल अक्षर व हस्ताक्षर दृढ़ता लिये हुए हैं। समानुभूति लिये ऊपरी क्षेत्र है।
उदासीन (Indifferent)	इस लेखक के आड़े / तिरछे आघात (Cross Strokes) नीचे की ओर उतार लिये हुए हैं।
विश्वासघाती (Infidel)	इस लेखक के अक्षर आधार से टूटे हुए व अपरिष्कृत हैं। निचले आघात (Down Strokes) भद्दापन लिये हैं। ओवल (Ovals) अक्षर a,d,p,o और q बंद कुंडली (loop) लिये हुए हैं।

(Contd.)

विलक्षणतायें (Traits)	हस्तलेखानुमिति संकेतक (Graphological Indicators)
हीन भावना (Inferiority Complex)	इस लेखक के 't' की पट्टियाँ नीचे की ओर हल्के अंदाज में लगाई गयी हैं। कैपिटल अक्षर छोटे आकार के हैं। अक्षर 'I' छोटे आकार का है। हस्ताक्षर छोटे और अपठनीय हैं।
सरलता / दक्षता (Ingenuity)	इस लेखक की लिखावट मध्यम आकार की है जिसकी सजावट पर यह ध्यान देता है। उच्च ऊपरी क्षेत्र है। कोणीयता और सुई की नोंक जैसा नुकीलापन लिये 'm' और 'n' हैं जो कि ऊपरी क्षेत्र की ओर उभरे हुए हैं।
संकोची (Inhibited)	इस लेखक की लिखावट बायीं ओर झुकाव लिये हुए तिरछीए छोटी और संकुचित है। लेखनी का दबाव बहुत हल्का है। व्यक्तिगत सर्वनाम 'I' बायीं ओर झुकाव लिये हुए है।
अंतर्दृष्टि (Insight)	इस लेखक के अक्षर छोटे और कोणीय संयोजन लिये हुए हैं। वियोजित (Disconnected) लिखावट है। कैपिटल अक्षर बड़े आकार के हैं।
सहज भाव (Instinct)	इस लेखक ने अक्षरों को वियोजित (Disconnect) कर दिया है।
पहल (Initiative)	इस लेखक की लिखावट गति और सरलीकरण लिये हुए हैं। दाहिनी ओर प्रवृत्त हैं। कोई या छोटा शुरुआती आघात नहीं है। कोई सजावट नहीं है।
असुरक्षा की भावना (Insecure)	इस लेखक के 't' अक्षर की पट्टियाँ निचाई पर हैं। व्यक्तिगत सर्वनाम 'I' का आकार छोटा है। अपठनीय और छोटे हस्ताक्षर हैं। बायीं ओर झुकाव लिये संकुचित और खराब लिखावट है।
संवेदनाशून्य (Insensitive)	इस लेखक की लिखावट का झुकाव बायीं ओर तिरछापन व उथली मालायें लिये हुए है।
निष्ठाहीन (nsincere)	इस लेखक के आघात (Strokes) आवरण युक्त (Covered) हैं। लिखावट और हस्ताक्षर में अंतर है। अक्षर अजीब तरीके से लिखे हुए हैं जिन पर कुछ ज्यादा ही अलंकरण किया गयी है। अक्षरों में त्रुटि - सुधार किये गये हैं। विविध झुकाव हैं।
सत्यनिष्ठा (Integrity)	इस लेखक की लिखावट नियमित, सरलीकृत व सुपाठ्य है। प्रमुख ऊपरी क्षेत्र है।

विलक्षणतायें (Traits)	हस्तलेखानुमिति संकेतक (Graphological Indicators)
अन्तर्ज्ञान (Intution)	इस लेखक ने अक्षरों को वियोजित (Disconnect) कर दिया है। आरोही आधार रेखायें उच्च ऊपरी क्षेत्र लिये हुए हैं।
गैरजिम्मेदार (Irresponsible)	इस लेखक की लिखावट उपेक्षित प्रकार की है। विराम चिह्न नहीं लगाता है। आघात (Strokes) हल्के हैं। अक्षर संयोजन उन्हें परस्पर गूँथ कर किया गया है। अस्थिर आधार रेखायें हैं। अक्षर 't' की पट्टियाँ नीचे की ओर हैं।
चिड़चिड़ापन (Irritability)	इस लेखक ने 'i' के बिंदुओं को काट दिया है। कटार की तरह की पट्टियों के कटाव का बायीं तरफ होनासस स्वयं के प्रति उसके चिड़चिड़ेपन का परिचायक हैं। अक्षर 't' पर लगी कटारनुमा पट्टी की धार दाहिनी तरफ होना दूसरों के प्रति चिड़चिड़ेपन का परिचायक है जब कि इस धार का नीचे की तरफ होना स्थिति के प्रति चिड़चिड़ेपन को दर्शाता है।
बुद्धिमत्ता (Intelligence)	इस लेखक के प्रारूप सरलता लिये हुए हैं। उच्च गति है। संयोजन चतुरता लिये हुए हैं। अभिन्यास (Layout) स्थानिक (Spatial) है।
ईर्ष्या (Jealous)	यह लेखक अत्यधिक बाएँ या अत्यधिक दाएँ तिरछा झुकाव लिये हुए है। व्यक्तिगत सर्वनाम 'I' छोटा और बायीं तरफ झुकाव वाला है। कैपिटल अक्षरों का आकार छोटा है। मध्य क्षेत्र के अक्षरों के आरंभ में बंद कुंडलियाँ (loops) हैं।
निर्णय का विवेक (Judgement Sense)	इस लेखक की लिखावट संयोजित है। अच्छे सुपाठ्य अंत -आघात (End-Strokes) हैं। पंक्तियों में उलझाव नहीं है।
न्याय (Justice)	इस लेखक की पंक्तियाँ लम्बवत (Vertically) सपरस्पर समान दूरी पर हैं।
दयालुता (Kindness)	लंबे अंत लिये हुए आघात। हुक, पंजे, और स्लैश(Slash) की अनुपस्थिति। माला युक्त गोल लिपि।
आलसी (Lazy)	इस लेखक की लेखनी का दबाव हल्के से भी बहुत हल्का है। अक्षर 't' की पट्टियाँ तश्तरी के आकार की हैं। विविध प्रकार का तिरछापन है। अक्षरों व शब्दों के बीच दबाव व खाली जगह अनियमित और असमान है। माला लिपि है। कोई शब्द टूटता नहीं है।

(Contd.)

विलक्षणतायें (Traits)	हस्तलेखानुमिति संकेतक (Graphological Indicators)
नेता (Leader)	इस लेखक की लिखावट में जुड़ाव है। कुछ शुरुआती आघात हैं। अंतिम अक्षरों पर जोर देता है। दृढ़ दबाव है। व्यक्तिगत सर्वनाम 'I' बड़े आकार का है। बड़ा मध्य क्षेत्र है। बड़े और सुपाठ्य हस्ताक्षर हैं।
तार्किक (Logical)	इस लेखक के शब्दों या स्थानों में आवश्यक विराम है। सीधी, तिरछी और सुपाठ्य लिखावट है।
वफादार (Loyal)	इस लेखक की लिखावट में बिना डैश वाले, चित्रात्मक परिपूर्णता लिये 'i' और 'j' हैं। माला संयोजन हैं। बायीं ओर लंबवत नियंत्रित या दाहिनी ओर नियंत्रित तिरछापन लिये लिखावट है।
झूठा (Liar)	इस लेखक के ओवलों (Ovals) a,d,o।p और q में एक कटाव है। बायीं तरफ कटाव वाला लेखक दूसरों को धोखा देता है। दाहिनी तरफ कटाव वाला खुद को धोखा देता है। कुंडलियों(Loops) में दोनों तरफ के कटाव लिये लेखक झूठ का मनोविकार लिये होता है।
भौतिकतावादी (Materialistic)	इस लेखक का निचला क्षेत्र लंबा और चौड़ा है।
परिपक्व (Mature)	इस लेखक की लिखावट तेजी लिये हुए है जिसमें शब्दों के आकार कम होते जाते हैं। चतुर संयोजन हैं। स्थिर आधार रेखाएहै। सीधे नियंत्रित बाएँ और दाएँ तिरछापन लिये झुकाव हैं। उच्च ऊपरी और निचला क्षेत्र है। प्रभावी सशक्त मध्य क्षेत्र है। गूँथे हुए, कोणीय अक्षरों व शब्दों वाली लिखावट है।
नीच (Mean)	लिखावट नुकीलापन लिये, तनाव पूर्ण व संकीर्ण शब्द रिक्ति लिये हुए है। अंत आघात की अनुपस्थिति है। मुद्गर के आकार की पट्टियाँ हैं। हुक, पंजे,स्लैश (तिर्यक निशान) लिये खराब लिखावट है। अक्षर 'd' कुंद (Obtused) है।
मानसिक रूप से सचेत (Mentally Alert)	इस लेखक के 'm' और 'n' अक्षर नोंकदार हैं। उच्च ऊपरी क्षेत्र पर जोर है। कोणीय लिपि है। अक्षर 't' की पट्टियाँ दृढ़ता लिये हैं। विराम चिह्नों की अनुपस्थिति नहीं है।
नैतिक साहस (Moral Courage)	इस लेखक का एक उच्च ऊपरी क्षेत्र है। अक्षर 't' की पट्टियाँ ऊंचाई पर हैं। दृढ़ और सुपाठ्य हस्ताक्षर हैं।
प्रेरित (Motivated)	इस लेखक की लिखावट कोणीय तथा दाहिनी ओर प्रवृत्त है। आरोही आधार रेखाएँ हैं। संकीर्ण अक्षर- रिक्ति है। लेखनी पर दबाव दृढ़ है।

विलक्षणतायें (Traits)	हस्तलेखानुमिति संकेतक (Graphological Indicators)
संकीर्ण सोच वाला (Narrow Minded)	इस लेखक के शब्द निकटता लिये हुए हैं। घने हैं।
आशावादी (Optimist)	यह लेखक ऊपर को जाता हुआ तिरछापन लिये हुए है। अक्षर 't' की पट्टियाँ लंबी व दृढ़ हैं। साफ, पठनीय व दृढ़ लिखावट है। कैपिटल अक्षर और हस्ताक्षर दृढ़ता लिये व आकार में बड़े है।
आज्ञाकारी (Obedient)	इइस लेखक के कैपिटल अक्षर छोटे आकार के हैं। अक्षर 't' के तने पर पट्टी नीचे की तरफ है। हल्के आघात लिये है।
अति नियंत्रण (Over Control)	इस लेखक की लिखावट कोणीय और तोरणवत (arcade) है। अक्षरों और शब्दों के बीच संकीर्ण रिक्ति है। सीधी आधार रेखा है। कोई अंत आघात नहीं है।
संगठनात्मक क्षमता (Organisational Ability)	लेखक अच्छे हाशिये, नियमितता और पंक्तियों में सरलीकृत दूरी लिये हुए है। लगातार दबाव और अंतर्क्षेत्रीय संतुलन है।
पूर्णतावादी (Perfectionist)	इस लेखक की आधार रेखा सीधी और समान है। अच्छी तरह से बनाई गई लिखावट है। पर्याप्त उपस्करों (Accessories) का प्रयोग करता है। समग्र हाशि, एकरूपता लिये हुए हैं। मध्यम से छोटी लिपि है।
दृढ़ता (Preseverance)	यह लेखक जुड़ाव,स्थिर आधार रेखा, दृढ़ दबाव व प्रबल कोणीय लिखावट लिये हुए है। अक्षर 't' की पट्टियाँ प्रबल हैं। अक्षर 'f' व 't' गाँठ लिये हुए हैं। अक्षर 'y' व 'g' आधार रेखा को काटने से संबन्धित नियमों का पूर्णतः पालन कर रहे हैं।
निराशावादी (Pessimist)	इस लेखक की आधार रेखा अवरोही है। अक्षर 't' में लगी पट्टियाँ हल्की हैं और निचाई पर लगी हुई हैं। अंतिम शब्द अचानक गिर रहा है। लिखावट दुर्बलता लिये है। शब्द और हस्ताक्षर अपठनीय हैं।
जूनून (Passion)	इस लेखक की लिखावट कोणीय है। अक्षरों का आकार परिवर्तनशील है। असमान लिखावट है।
धैर्य (Patience)	इस लेखक के शुरुआती आघात (जतवाम) गायब हैं। लिखावट छोटे आकार की और साफ-सुथरी है।
जिद्दी (Persistent)	इस लेखक के आघात (Stroke) के अंत में हुक हैं। 'y' और 'g' का अंत कुंडली (Loop) के बजाय आघात (Stroke) लिये हुए होता है।

(Contd.)

विलक्षणतायें (Traits)	हस्तलेखानुमिति संकेतक (Graphological Indicators)
क्षुद्र (Petty)	इस लेखक के अक्षर व शब्द बहुत छोटे तथा एक दूसरे के बहुत करीब हैं।
व्यावहारिक (Practical)	इस लेखक के हाशिए गायब हैं। लिखावट लम्बवत है। अक्षर 'f' सीधे नीचे की ओर प्रवृत्त है। अक्षर संयोजित हैं। निचले क्षेत्र में कुंडली (Loop) के बजाय सीधे आघात (Stroke) हैं।
शारीरिक हताशा (Physical Frustration)	इस लेखक के निचले क्षेत्र के 'y' और 'g' खुले, अधूरे व अपूर्ण हैं।
गुमराह / विकृत (Pervert)	इस लेखक के निचले क्षेत्र में एक अस्वस्थ, विकृत व बड़ी अनियमित कुंडली है। ऊपरी क्षेत्र उपेक्षित है।
अगुआ / मार्गदर्शक (Pioneer)	इस लेखक की आधार रेखा आरोही व दाहिनी ओर तिरछापन लिये हुए है। कोई शुरुआती आघात (Stroke) नहीं हैं। उच्च 't' पट्टियाँ हैं। हस्ताक्षर बड़े, सुपाठ्य व दृढ़ हैं।
सकारात्मक (Positive)	इस लेखक के 't' पट्टियाँ कुंद (Blunt) हैं। क्षैतिज या ऊर्ध्वाधर आघात (Stroke) में कोई खंजर नहीं है। भारी दबाव लिए दृढ़ आरोही आधार रेखाएँ हैं।
सत्ता की तलाश (Power Seeking)	इस लेखक की आधार रेखा आरोही है। लिखावट का आकार बड़ा व दृढ़ दबाव लिये हुए है। अक्षर 't' की पट्टियाँ प्रबल हैं। अक्षर 'l' प्रबल है। मध्य और निचले क्षेत्र अभिव्यंजक हैं। हस्ताक्षर बड़े आकार के हैं।
व्यावहारिक (Practical)	इस लेखक के ऊपरी क्षेत्र में कुंडली संकीर्णता लिये हुए है या फिर कोई कुंडली (Loop) ही नहीं है। कोई शुरुआती आघात (Stroke) या स्पष्ट संयोजन नहीं हैद्य
गर्व (Pride)	व्यक्तिगत सर्वनाम "I" लंबा, सीधा, नियंत्रित और अन्य अक्षरों से बड़े आकार का है। प्रारंभिक अक्षर मध्य की लिखावट के अक्षरों से बड़े हैं। अक्षर 'd' और 't' आकार में लंबे हैं। हस्ताक्षर बड़े और सुपाठ्य हैं। ऊपरी क्षेत्र ऊँचाई लिये हुए है।
झगड़ालू (Quarrelsome)	इस लेखक की लिखावट में अक्षरों का संयोजन नहीं है। अक्षर 't' की पट्टियाँ तने के ऊपर दाहिनी ओर हैं। प्रारंभिक आघात (Stroke) अनुपस्थित हैं। अक्षर 'i' के ऊपर लगा हुआ बिन्दु ज्यादा लम्बाई लिये हुए है। कैपिटल अक्षर बड़े आकार के हैं। अक्षर चौड़ाई लिये हुए है।

विलक्षणतायें (Traits)	हस्तलेखानुमिति संकेतक (Graphological Indicators)
लापरवाह (Reckless)	इस लेखक के अंतिम अक्षर दाहिनी ओर आरोहण लिये हुए आगे बढ़ते हैं। विराम चिह्न लगाने में लापरवाही बरती गयी है।
संकोची (Reserve)	इस लेखक के अक्षर संकुचित हैं और ओवल(Ovals) a,d,o,p और q अक्षर की कुंडलियाँ (Loop)बंद हैं।
बदले की भावना रखने वाला (Revengeful)	इस लेखक की लिखावट में गहरापन है। अक्षर 'f' और 't' की पीठ पर तीव्र कटाव है।
लचीला (Resilient)	यह लेखक की लिखावट में अक्षरों के प्रारूपों का संतुलित अंतरक्षेत्रीय वितरण है। नियमित और लयबद्ध लिखावट है। आधार रेखा स्थिर है और तिरछी रेखाओं में लचीलापन है।
टालमटोल (Procrastinate)	यह लेखक अपनी लेखनी में हल्के से बहुत हल्का अनियमित दबाव लिये है। अक्षर 't' की पट्टियाँ दुर्बल, छोटी, हल्का दबाव युक्त और तश्तरी का आकार लिये हुए हैं। तिरछापन विविधता लिये है। रिक्त स्थान अनियमित और असमान हैं। लिखावट मालानुमा है जिसमें विराम चिह्नों का अभाव है।
अति महत्वाकांक्षी (Pushy)	इस लेखक की लिखावट संयोजित और कोणीय है। अनियमित दबाव प्रतिरूप लिये हुए है। दृढ़ 't' पट्टियाँ हैं। दृढ़ अंत - आघात व हुकदार संपार्श्व (Laterals) हैं।
विश्वसनीय (Realiable)	इस लेखक की लिखावट तेज, द्रुत, प्रवाहमय व नियमित है। लेखनी का दबाव निरंतरता लिये हुए है। दृढ़ आघात, सुपाठ्य, अच्छी तरह से आकार लिये हुए अक्षर, अच्छा अंतर क्षेत्रीय संतुलन और अच्छा सीमांत अनुपात है।
क्रोध (Resentment)	यह लेखक आम तौर पर आधार रेखा के नीचे शुरुआती आघात लिये हुए है जो कि आगे बढ़ने पर दृढ़ और सीधे बने रहते हैं।
जिम्मेदार (Responsible)	इस लेखक के 't' की पट्टियाँ छतरी के आकार लिये हुए हैं। नियमित और सुपाठ्य लिपि है। लिखावट में तोरण - पथ (Arcade) हैं। प्रबल कैपिटल अक्षर हैं।
परिणामोन्मुख (Result Oriented)	इस लेखक की लिखावट कोणीय व तीक्ष्ण नुकीलापन लिये हुए है। लम्बवत से नियंत्रित दायां तिरछा झुकाव है। औसत से ऊपर आकार के मध्य और निचले क्षेत्र हैं। उच्च और दृढ़ 't' पट्टी हैं। मजबूत दबाव है। निचले क्षेत्र के अक्षर आधार रेखा की ओर पूर्ण अनुवर्ती हैं।

(Contd.)

विलक्षणतायें (Traits)	हस्तलेखानुमिति संकेतक (Graphological Indicators)
जोखिम लेने वाला (Risk Taker)	इस लेखक का मध्य क्षेत्र बड़ा है। असंयोजित अक्षर प्रारूप हैं। अलग-अलग तरह के झुकाव हैं। दृढ़ हस्ताक्षर हैं। उच्च और दृढ़ 't' पट्टियाँ हैं 1 दाहिनी तरफ संकीर्ण हाशिया है।
व्यंग्यात्मक (Sarcastic)	इस लेखक की 't' पट्टी तथा अन्य पार्श्व (Other Laterals) खंजर के आकार के हैं।
रहस्यात्मक (Secretive)	इस लेखक के शब्द बहुत पास-पास लिखे हुए हैं। संकुचित मध्य क्षेत्र है। ओवल अक्षर 'a' और 'O' में आंतरिक कुंडली (Inner Loop) है।
अपनी अहमियत जतलाना (Self- Assertion)	इस लेखक के कैपिटल अक्षर बड़े हैं। आघात (Stroke) दृढ़ और विस्तृत हैं। शब्दों के निर्माण में खुलापन दिखाई देता है।
आत्म-विश्वास (Self-Confidence)	इस लेखक की लिखावट में काफी बड़े आकार का 'I' मिलता है। बड़े आकार का मध्य क्षेत्र है। मध्यम आकार के कैपिटल अक्षर हैं। अक्षर 'I' का आकार मध्य क्षेत्र के अक्षरों का तीन गुना है। उच्च व दृढ़ 't' पट्टियाँ और आरोही आधार रेखायें है।
आत्म-सम्मान (Self -Esteem)	इस लेखक के कैपिटल अक्षर बड़े हैं। उच्च और दृढ़ 't' पट्टियाँ व हस्ताक्षर हैं।
आत्म - हित (Self- Interest)	इस लेखक की लिखावट का झुकाव बायीं तरफ है।
आत्म - सचेत (Self -Concious)	इस लेखक ने 'd' और 't' अक्षरों को कुंडलीयुक्त बनाया है। गोलाई लिये हुए अक्षरों में पहला कूबड़ दूसरे से छोटा है। अन्य अक्षरों के बीच बहुत छोटे आकार का नगण्य दिखने वाला 'i' है। बहुत छोटा व नगण्य मध्य क्षेत्र है। ऊपरी क्षेत्र बड़ा है।
आत्म-संयम (Self- Control)	इस लेखक की लिखावट कोणीय है। संकीर्ण अक्षर रिक्ति, सीधी आधार रेखा व छतरी के आकार की 't' पट्टी है। विराम चिह्न उचित स्थान पर हैं। लम्बवत से बायीं या दायीं ओर नियंत्रित लिखावट है।
स्वयं को धोखा देना (Self Deceit)	इस लेखक के ओवल (Ovals) a,d,g,o और q बायीं ओर कटाव लिये हुए हैं।

विलक्षणतायें (Traits)	हस्तलेखानुमिति संकेतक (Graphological Indicators)
आत्म - अनुशासन (Self-Discipline)	इस लेखक की लिखावट कोणीय है जिसमें अक्षरों के बीच संकीर्ण दूरी व नियमितता है। सीधी आधार रेखा है। घुमावदार 't' पट्टियाँ हैं। विराम चिह्न गायब नहीं हैं। अक्षर 'I' और 'j' के बिन्दु तने पर हैं और लम्बवत नियंत्रित बायाँ या दाहिना झुकाव लिये हुए हैं।
स्वयं पर शक करना (Self -Doubt)	इस लेखक की आधार रेखा अस्थिर है। अक्षर 't' की पट्टियाँ निचाई पर हैं। खराब और अपठनीय हस्ताक्षर हैं। छोटे से मध्यम आकार का 'I' है। कैपिटल अक्षर बहुत छोटे हैं और संकुचित मध्य क्षेत्र है।
आत्मसम्मान (Self-Respect)	इस लेखक के कैपिटल अक्षर बड़े आकार के हैं। अक्षर 'd' का तना लंबा है। ओवल (Ovals) खुले हुए हैं।
संवेदनशील (Sensitive)	बायीं तरफ से लिखावट की शुरुआत। कुंडलीयुक्त 'd'। अक्षरों के अलग-अलग आकार।
जी-हुजूरिया (Servile)	बहत छोटे आकार के कैपिटल अक्षर हैं। हस्ताक्षर स्क्रिप्ट से छोटा है।
उथला (Shallow)	इस लेखक के शब्द निकटता लिये हुए हैं। अक्षर 't की पट्टियाँ निचाई पर हैं।
चालाक (Shrewd)	इस लेखक के अक्षर छोटे-छोटे हैं। ऊपर की ओर नुकीलापन लिये हुए हैं और कुछ में संयोजन का अभाव है। गूँथी हुई लिखावट। अपठनीय हस्ताक्षर।
शर्मीला (Shy)	मध्य क्षेत्र में संकुचित अक्षर। कैपिटल अक्षरों का छोटा आकार। बायीं तरफ तिरछापन।
आत्म-निर्भर (Self-Reliant)	इस लेखक का व्यक्तिगत सर्वनाम 'I' सुस्पष्ट है। कैपिटल अक्षरों का आकार बड़ा है। हस्ताक्षर दृढ़ता लिये हुए हैं। बड़े से मध्यम सुपाठ्य मध्य क्षेत्र। दृढ़ 't' पट्टियाँ।
स्वार्थी (Selfish)	इस लेखक का एक छोटा ऊपरी क्षेत्र है और मध्य व निचले क्षेत्र की अवधारणा अधिक स्पष्ट है। मध्य क्षेत्र के अक्षरों की शुरुआत में कुंडली युक्त हैं।
यौन कुंठा (Sexual Frustration)	यह लेखक लटकाव और अधूरापन युक्त नीचे की ओर आघात वाले अक्षर (y और g) लिये हुए हैं।
खरा (Sincere)	सहज प्रवाह लिये हुए पठनीय लेखन और किसी भी आवरण युक्त आघात का अभाव।

(Contd.)

विलक्षणतायें (Traits)	हस्तलेखानुमिति संकेतक (Graphological Indicators)
सामाजिक (Social)	इस लेखक के पास माला संयोजन और दाहिनी ओर तिरछा झुकाव है।
धूर्त (Sly)	इस लेखक के ओवल (Ovals) यानी a,d,g, o और q बंद हैं। आधार रेखा दृढ़ता लिये हुए नहीं है। अक्षर आकार में भिन्नता लिये हुए हैं। कोणीय लिखावट है। अंतिम आघात अचानक समाप्त किए गए हैं।
स्वार्थी (Selfish)	इस लेखक का ऊपरी क्षेत्र छोटा है। मध्य क्षेत्र व निचले क्षेत्रों पर अधिक बल लगाया जाना दिखलाई पड़ता है।मध्य और निचले क्षेत्रों के ओवल (Ovals) बंद हैं।
आध्यात्मिक (Spiritual)	इस लेखक का ऊपरी क्षेत्र बहुत ही प्रमुखता लिये है। नीचे की ओर जाते आघात हल्के ढंग से अंकित हैं। कैपिटल अक्षर सरल व सादे हैं।
कंजूस (Stingy)	इस लेखक के अक्षर व शब्द संकुचित व घने है। अंतिम अक्षर मुश्किल से पूरे हुए हैं।
ज़िद्दी (Stubborn)	इस लेखक के 'd' और 't' की आकृति 'v' अक्षर का औंधापन (Inverted) लिये हुए हैं। अक्षरों 'd' और 't' के नीचे की ओर खुलेपन की मात्रा लेखक के जिद्दीपन की मात्रा की परिचायक होती है।
अति संवेदनशीलता (Sensitivity Hyper)	इस लेखक के 'd' व 't' अतिरिक्त कुंडली लिये (extra looped) हैं। अक्षर बायीं ओर या दाहिनी ओर सुस्पष्ट तिरछापन लिये हुए हैं।
विनम्र (Submissive)	इस लेखक के कैपिटल अक्षर छोटे आकार के हैं। अक्षर 't' में पट्टी नीचे की तरफ है। आघात (Strokes) हल्के हैं।
संदिग्ध (Suspicious)	क्इस लेखक की लिखावट का आकार छोटा है। लिखावट घनापन लिये हुए है। अवरोही रेखाएँ और अंतिम अक्षर शब्दों के बीच के अंतराल को बंद करते हैं।
सहानुभूति (Sympathy)	इस लेखक की लिखावट दाहिनी तरफ तिरछापन लिये हुए है। अंतिम अक्षर लंबे हैं।
खरा (Sincere)	इस लेखक की तिरछापन युक्त लिपि सुपाठ्य व प्रवाहमय है।ओवल खुले हुए हैं। ऊपर या नीचे की ओर स्पर्श करते हुए कोई आघात नहीं हैं।

विलक्षणतायें (Traits)	हस्तलेखानुमिति संकेतक (Graphological Indicators)
आत्मघाती (Suicidal)	इस लेखक की अस्पष्ट लिखावट में कई तिरछे झुकाव लिये छोटी और बाईं ओर उन्मुख अवरोही आधार पंक्तियाँ हैं। निम्न 't' पट्टी है। लिखावट छोटी और संकुचित है। अंतिम शब्द अचानक आधार रेखा से नीचे चला जाता है। अस्पष्ट और भद्दे हस्ताक्षर हैं।
बातूनी (Talkative)	इस लेखक के ओवल (Ovals) a,b,d, o और q खुले हुए हैं।
टीम भावना (Team Spirit)	लिखावट में कोई प्रारंभिक आघात नहीं है। झुकाव दाहिनी तरफ है। पहले अक्षर को ले कर इसके मन में कोई अवधारणा (Emphasis) नहीं है। मालानुमा या आपस में गूँथी गयी लिखावट नहीं है। मध्यम आकार लिये हुए 't' है। औसत आकार के हस्ताक्षर हैं।
स्वभाव में गुस्सा (Temper)	इस लेखक की 't' पट्टियां लंबे नुकीले खंजर के आकार की हैं। शुरू से ही अचानक दाहिनी ओर तिरछा झुकाव लिये (विशेष रूप से अक्षर 'd') हुए है। अक्षर 't' की पट्टियां तथा 'i' और 'j' के बिंदु उड़ते हुए से दिखाई पड़ते हैं।
गहन (Thorough)	इस लेखक की लिपि छोटे आकार की है। इसके द्वारा विराम चिह्नों का स्पष्ट प्रयोग किया गया है।
विचारशील (Thoughtful)	इस लेखक ने विराम चिह्नों को स्पष्ट रूप से निर्धारित किया है।
किफ़ायत (Thriff)	इस लेखक के अक्षर संकीर्णता लिये हुए हैं। लिखावट छोटी है। रिक्त स्थान की अनुपस्थिति है। हाशिये बहुत संकीर्ण हैं।
घबराहट या कायरता (Timidity)	इस लेखक के अंतिम अक्षर दाहिनी ओर अवरोही हैं।छोटा और संकुचित मध्य क्षेत्र है। छोटे और अपठनीय हस्ताक्षर हैं।
विश्वास (Trust)	इस लेखक द्वारा कागज पर रिक्त स्थान भरने के लिए अंतिम अक्षरों का उपयोग नहीं किया गया है।
सत्यता (Truthfulness)	इस लेखक की आधार रेखा सीधी है। छोटे अक्षर समान आकार के हैं। ओवल (Ovals) यानी a,d,g.o और q खुले हुए हैं। सुपाठ्य लिखावट है।
दृढ़ (Tenacious)	अक्षर 't' के तने और अन्य पार्श्वों (Other laterals) पर दाहिनी ओर एक हुक है।

(Contd.)

विलक्षणतायें (Traits)	हस्तलेखानुमिति संकेतक (Graphological Indicators)
समझौता न करने वाला (Uncomromising)	इस लेखक की आधार रेखा अनम्य (Rigid) है। कोणीय लेखन, भारी दबाव और दृढ़ हस्ताक्षर है।
नम्र (Unassuming)	यह लेखक छोटे मध्य क्षेत्र वाला है। इसके हस्ताक्षर नीरसता लिये हैं। अक्षरों के सरल गठन से युक्त पर्याप्त दूरी लिये पंक्तियाँ लिखता है।
अकल्पनीय प्रकृति (Unimaginative Nature)	इस लेखक का एक छोटा ऊपरी क्षेत्र है। अनाकर्षक (Bland) लिखावट है।
सफल होने का आग्रह (Urge to Succeed)	यह लेखक कोणीय और तोरणपथ संयोजन (Arcade Connections) लिये हैं। लम्बवत से बाएं तिरछापन लिये लिखावट है। मध्य क्षेत्र प्रमुख है। दृढ़ 't' पट्टी है। दृढ़ता लिये हुए हस्ताक्षर हैं।
दुविधाग्रस्त (Vacilating)	इस लेखक की लिखावट लगातार बदलती रहती है। असमान लिखावटएअस्थिरता लिये आधार रेखा व अक्षरों का परिवर्तनशील आकार है।
हिंसक (Violent)	इस लेखक की लिखावट छोटे-छोटे अक्षर लिये हुए है। फूहड़ता लिये हुए ये अक्षर लगातार आकार बदलते रहते हैं। ये अक्षर कभी दाहिनी ओर विस्तारण लिये नहीं होते। कैपिटल अक्षरों का गठन सही नहीं है। अपरिष्कृत और गंदे निचले आघात (Stroke) हैं।
अशिष्ट (Vulgar)	इस लेखक की लिखावट अपरिष्कृत व भद्दी है। अतिरंजना (Exaggeration) लिये, भद्दी व अस्पष्ट लिखावट है। शब्दों व पंक्तियों के बीच दूरी का नितांत अभाव है।
व्यर्थ (Vain)	इस लेखक के कैपिटल अक्षर जरूरत से ज्यादा बड़े हैं। लिखावट अलंकृत व कृत्रिमता लिये हुए है। कुंडलीनुमा शुरुआती आघात लिये,गुब्बारेनुमा ऊपरी क्षेत्र तथा बढ़ती हुई सजावट है। फलता-फूलता है।
दूर दृष्टि (Vision)	इस लेखक के 'm' और 'n' सुई की नोंक वाला तीखापन लिये हैं। लिपि का आकार बड़ा है। मध्य क्षेत्र व हस्ताक्षर दृढ़ता लिये हैं। 't' पट्टियाँ ऊंचाई पर हैं।
अपव्ययी (Wasteful)	चौड़ा हाशिया लिये लिखावट में अक्षर व्यापक रूप से फैले हुए हैं।
इच्छा शक्ति (Willpower)	इस लेखक के 't' की पट्टियाँ लंबी और दृढ़ है। नीचे की ओर जाते हुए एकल आघात हैं।

विलक्षणतायें (Traits)	**हस्तलेखानुमिति संकेतक (Graphological Indicators)**
निकासी (Withdrawal)	इस लेखक की लिखावट बायीं ओर झुकाव की प्रवृत्ति लिये हुए है।
विनोदपूर्ण (Witty)	इस लेखक के अंतिम अक्षर ऊपर की ओर मुड़े हुए हैं। हड़बड़ी में की गयी लिखावट है। अक्षर 't' लहरदार पट्टी लिये हुए है।
चिंताजनक (Worrisome)	इस लेखक के शब्दों में विराम तथा व्यापक कुंडली लिये 'd' और 't' अक्षर हैं। अधूरा निचला क्षेत्र लिये (y और g) हैं।
बात को मान लेने वाला (Yielding)	इस लेखक के अक्षरों में कमजोर आघात हैं और अंत में कोई हुक नहीं है।
ईर्ष्यालु (Zealous)	इस लेखक की लिखावट लंबे ऊपरी आघात लिये है। दृढ़ व आरोही आधार रेखाए 't' पट्टियाँ और हस्ताक्षर हैं।

अध्याय - 12

लिखावट विश्लेषण द्वारा व्यक्तित्व की त्वरित जांच (A Quick Personality Check by Graphoanalysis)

पहलू (Aspects)	विलक्षणतायें (Traits)	हस्तलेखानुमिति संकेतक (Graphological Indicators)
व्यक्तिगत आत्म छवि (Personaal Self Image)	आत्मविश्वासी और आत्म-आश्वस्त	**'t' के तने पर पट्टी का ऊँचाई पर होना**
	गर्व और गरिमामय	't' का लंबा तनाए, कुंडली रहित
	घमंडी	't' के तने पर बहुत ऊँची पट्टियां
	विनम्रता	't' के तने पर पट्टी द्वारा नीची काट
	औसत स्व-छवि	't' के तने पर पट्टी द्वारा बीच में की गयी काट
	औसत से नीचे आत्म-सम्मान	't' के तने पर पट्टी की काट नीचे की तरफ, खराब व अस्पष्ट हस्ताक्षर
	असुरक्षित और आत्म मूल्य को लेकर प्रश्न	't' के तने की निचली काट और कुंडली (Loop) युक्त 'd'
	स्वाभिमान का अभाव	't' के तने पर नीचे की तरफ काट और छोटा 'd'

पहलू (Aspects)	विलक्षणतायें (Traits)	हस्तलेखानुमिति संकेतक (Graphological Indicators)
भावनात्मक अभिव्यंजकता और भावनाओं की गहराई	भावनात्मक रूप से दमनकारी	लंबवत और बायां तिरछा झुकाव
	भावनात्मक रूप से अभिव्यंजक	दायाँ तिरछा झुकाव
	भावनात्मक रूप से अप्रत्याशित	परिवर्तनीय तिरछा झुकाव
	अनुभवों को याद करता है (क्षमा कर सकता है लेकिन नहीं भूल जाओ)	भारी से दृढ़ लेखनी का दबाव
	मध्यम भावनात्मक तीव्रता (भूल सकता है और माफ कर सकता है)	मध्यम से हल्का पेन का दबाव
महत्वाकांक्षाएं और लक्ष्य	अत्यधिक महत्वाकांक्षी	't' के शीर्ष से ऊँची या 't' के तने के ऊपर पट्टी
	दृढ़ निश्चय वाला	नीचे किया गया लंबा व भारी आघात और 't' की मजबूत पट्टी
	ज़िद्दी	't' के तने के दाहिनी तरफ हुकनुमा पट्टी।
	यथार्थवादी लक्ष्य का निर्धारण	पट्टी 't' के तने के तीन चौथाई को पार किये हुए है।
	बदलाव का डर	't' के तने के मध्य क्षेत्र में नीचे पट्टी
	आलसी	हल्का दबाव और 't' में नीचे या बायीं ओर पट्टी
	सफलता का डर	अधूरा 'y' और 'g'
	विफलता का भय	't'में नीचे पट्टी
	पालन करना चुनता है	
	नेतृत्व की भूमिका ग्रहण करता है	't' की मजबूत पट्टियों व बड़ी लिपि के साथ दृढ़ हस्ताक्षर
	पहल करना	बड़ी लिखावट और बड़े हस्ताक्षर।
सोच की प्रक्रिया	धीमा	मालानुमा लेखन।
	स्पष्ट, तीव्र उठान लिये	सुई की नोंक की तरह नोंकदार व तीखे 'm' और 'n'
	गहराई से गहन शोध करता है	कोणीय लिखावट
	त्वरित निर्णय लेना	

(Contd.)

पहलू (Aspects)	विलक्षणतायें (Traits)	हस्तलेखानुमिति संकेतक (Graphological Indicators)
	एकाग्रता	छोटी और संकुचित लिखावट।
	बहु कार्यण	उलझी हुई पंक्तियाँ, अनुपातहीन लिखावट लिये बड़ा लेखन।
	सहज ज्ञान युक्त	मुद्रित अभ्यास पुस्तिका जैसी लिखावट
	तार्किक	लंबवत से नियंत्रित बायां तिरछा
जीवन पथ	**लक्ष्य स्पष्ट हैं**	सीधी आधार रेखा
	आशावादी	आरोही आधार रेखा
	धमाके से शुरू होता है परंतु बाद में छोड़ देता है	उत्तल आधार रेखा।
	उल्टा लौट आना	अवतल आधार रेखा
	अपनी क्षमताओं पर इस व्यक्ति को संदेह होता है	अस्थिर आधार रेखा
ऊर्जा भंडार	ऊर्जा का उच्च भंडार	भारी दबाव
	मध्यम ऊर्जा और अभियान	दृढ़ दबाव
	सीमित कार्यों के लिए आवश्यक धारणीय ऊर्जा स्तर	मध्यम दबाव
	नाज़ुक और कमजोर	हल्का दबाव
	शारीरिक और भावनात्मक गड़बड़ी	परिवर्तनीय दबाव
जनता में दृश्यता की तलाश	उच्च दृश्यता चाहता है	बड़े आकार का लेखन
	रूढ़िवादी प्रकृति	मध्यम आकार का लेखन
	सुर्खियों की तलाश नहीं करता	छोटे आकार का लेखन
	ज़िंदगी से दूर भागता है (वापसी लक्षण)	संकुचित लेखन

पहलू (Aspects)	**विलक्षणतायें (Traits)**	**हस्तलेखानुमिति संकेतक (Graphological Indicators)**
रवैया और अन्य प्रमुख विलक्षणतायें	आशावादी	आरोही आधार रेखा
	निराशावादी	अवरोही आधार रेखा
	खुले विचारों वाला	खुले ओवल (Ovals) यानी a,d,g,o और q
	बंद दिमाग वाला	संकीर्णध्बंद ओवल (व्अंसे)
	दार्शनिक	'h'का पीछे को मुड़ा हुआ लंबा तना
	गंभीर	कोणीय लेखन और खुले ओवल (Ovals)
	उत्साही	't' की लंबी पट्टियाँ और आरोही आधार रेखाएँ।
	अल्पकालिक उत्तेजना	't' की लघु और लुप्तप्राय पट्टी
	पूर्णतावादी	सीधी आधार रेखा
	बदलाव पसंद है	लंबा निचला क्षेत्र
	विस्तृत संरचना और प्रक्रियाओं के लिये चौकस	कोई भी विराम चिह्न और विशेषक गायब न होना
	अलग होने की इच्छा	'i' के गोलाकृत बिन्दु
	पारंपरिक	अभ्यास पुस्तिका की शैली
	सीधे बात के मुख्य बिन्दु पर आना	't'की पट्टियाँ नीचे की ओर
	क्षण को जीने वाला	मध्य और निचले क्षेत्र पर ज़ोर
	भविष्यवादी और अंतर्दृष्टिपूर्ण	't' की ऊंची पट्टियाँ और उच्च ऊपरी क्षेत्र
	भौतिक रूप से अधिग्रहण करने वाला	अक्षरों की शुरुआत में हुक
	अलग	बायीं ओर तिरछा और तोरणपथ (Arcade) युक्त संयोजन
	सामाजिक सिद्धान्तों के विरुद्ध	छोटा औरध्या वापस लिया गया निचला क्षेत्र

(Contd.)

पहलू (Aspects)	विलक्षणतायें (Traits)	हस्तलेखानुमिति संकेतक (Graphological Indicators)
नज़रिया और कुछ प्रमुख लक्षण	निडर	दाहिनी ओर प्रवृत्ति लिये बड़ी लिखावट
	प्रतिस्पर्द्धी	प्रबल दबाव युक्त कोणीय लेखन और दृढ़ 't' पट्टियाँ एवं हस्ताक्षर
	घमंडी	धारदार 't' पट्टियाँ, नीचे की दिशा में।
	भयभीत	निम्न 't' पट्टियाँ, छोटे कैपिटल अक्षर,व्यक्तिगत सर्वनाम (I) का छोटा आकार, बायाँ तिरछा झुकाव
	इश्कबाज़ी करना	दाहिना तिरछा और बड़ा लैंगिक निचला क्षेत्र
	संकल्प शक्ति	दृढ़ और लंबी 't' पट्टी
	मिलनसार	दाहिना तिरछा झुकाव
	शर्मीला	बायां तिरछा, छोटी लिखावट और छोटे व अपठनीय हस्ताक्षर
	आत्म-सचेत	'm' और 'n' में ऊपर की ओर उन्मुख पहाड़ियाँ
	कूटनीतिक	'm' और 'n' में नीचे की ओर उन्मुख पहाड़ियाँ
	उदार	लंबी दूरी तक चलने वाले ऊपरी आघात
	फिजूलखर्ची	चौड़ा मध्य क्षेत्र और लिखते समय कागज को बर्बाद कर देता है।
	ध्यान आकर्षित करने की चाहत	गोलाई लिये हुए 'i' बिंदु, बड़ी लिखावट सहित बड़े हस्ताक्षर
	सतर्क	आधार रेखा पर लंबे सीधे अंत वाले आघात
	आसानी से धोखा खानेवाला	निचले क्षेत्र की कुंडलियों (Loops) में बड़ी चौड़ाई।
	सामाजिक चयनात्मक	निचले क्षेत्र में संकीर्ण कुंडली (Narrow Loop)
	भरोसा करने हेतु अनिच्छुक	निचले हिस्से में छोटी-छोटी कुंडलियाँ
	समाज विरोधी गतिविधियों में शामिल	निचले क्षेत्र में दोहराव युक्त कुंडलियाँ
	आक्रामक	कोणीय संयोजन

पहलू (Aspects)	विलक्षणतायें (Traits)	हस्तलेखानुमिति संकेतक (Graphological Indicators)
आलोचना, अस्वीकृति और उपहास का सामना करना	जनमत से प्रभावित नहीं	'd' का दोहराव युक्त छोटा तना
	थोड़ा संवेदनशील किन्तु स्वतंत्र विचार रखते हैं	छोटा और कुंडली युक्त 'd'
	उस के बारे में दूसरे क्या कहते और सोचते हैं, इसकी परवाह करता है। जनमत, उपहास और व्यंग्य के प्रति संवेदनशील	बड़ी कुंडली युक्त 'd' तना।
	दूसरों से अनुमोदन की आवश्यकता होती है। आलोचना करने पर गहरी चोट लगती है।	बड़ी कुंडली वाले 'd' और 't'
	अति संवेदनशील, इस बात की चिंता करता है कि दूसरे लोग क्या सोचते हैं। वह संविभ्रमी (Paranoid) है और नकारात्मक जनमत से बहुत आहत है	'd' और 't' में अतिरिक्त बड़ी कुंडलियाँ (Loops)।
सार्वजनिक छवि सार्वजनिक छवि	बहुत ही घमंडी और दिखावटी	बहुत बड़ा हस्ताक्षर
	सार्वजनिक छवि में भारी निवेश	बड़े हस्ताक्षर
	सार्वजनिक और निजी छवियों में कोई विरोधाभास नहीं	सुपाठ्य लेखन और हस्ताक्षर
	अत्यंत साधारण और नम्र	हस्ताक्षर लिखावट से छोटा है
	सार्वजनिक और व्यक्तिगत जीवन के लिए दो अलग-अलग छवियों को अपनाता है	हस्ताक्षर लिखावट से अलग है
	सार्वजनिक रूप से स्वयं को गैर मिलनसार के रूप में देखा जाना पसंद करता है	लिखावट दाहिनी तरफ तिरछा झुकाव लिये और हस्ताक्षर बायीं तरफ तिरछा झुकाव लिये
	सार्वजनिक रूप से स्वयं को मिलनसार के रूप में देखा जाना पसंद करता है	हस्ताक्षर दाहिनी तरफ तिरछा झुकाव लिये और लिखावट बायीं तरफ तिरछा झुकाव लिये
	रहस्यात्मक और दूसरों के साथ संवाद करने की इच्छा का अभाव	सुपाठ्य लेखन और अस्पष्ट हस्ताक्षर
	कुटिल और अहंकारपूर्ण	हस्ताक्षर और लेखन दोनों अपठनीय हैं।
	अपने असली स्व या पहचान छुपाता है	ढके हुए या टोपी लगाये हुए हस्ताक्षर।

(Contd.)

अध्याय - 13

अपनी लिखावट बदलकर अपना जीवन बदलें

Change Your Life by Changing Your Writing

लिखावट विश्लेषण द्वारा निदान

(Grapho-Diagnostics)

यह एक तथ्य है कि लिखावट विश्लेषण द्वारा हम अपने व्यक्तित्व की विवेचना कर सकते हैं या अपनी विलक्षणताओं का पता लगा सकते हैं। इस संबंध में दिलचस्प बात यहा है कि हम इस अध्याय से पहले के अध्यायों में दिए गए विवरणों का उपयोग करके आत्म-विश्लेषण द्वारा अपनी नकारात्मक विलक्षणताओं की पहचान कर सकते हैं।

यह पहचान कर लेने के बाद हम इन विलक्षणताओं में परिवर्तन (Reverse Engineering) की प्रक्रिया अपनाकर, अपने अक्षरों और लिखावट के स्वरूप/ तरीके (Pattern) में परिवर्तन कर के अपने व्यक्तित्व की विलक्षणताओं को बदल सकते हैं। इस प्रक्रिया को लिखावट विश्लेषण द्वारा निदान या उपचार (Grapho -Diagnostics or Grapho-Therapy) कहा जा सकता है। अपनी पसंद या पेशे के किसी भी क्षेत्र के लिए नीचे दी गई तालिका का उपयोग करके कुछ चुने हुए तरीके अपनाये जा सकते है। लिखावट विश्लेषण के लिए आदर्श लक्षण और लेखन अनिवार्यताएं इस प्रकार हैं: -

पेशा(Profession)	आदर्श विलक्षणतायें (Ideal Traits)	लिखावट विश्लेषण द्वारा निदान के लिये लिखावट की अपरिहार्यताएँ (Handwriting Imperatives for Grapho Diagnostics)
अभिनय	प्रदर्शन कौशल, संचार कौशल, अच्छी स्मरण शक्ति, पहचान,नाम व प्रसिद्धि की चाहत, दृढ़ता, रचनात्मकता, शारीरिक सहनशक्ति	दाहिनी तरफ झुकाव लिये बड़ी लिखावट, अलग - अलग पंक्तियाँ, शब्दों के बीच नियमित अंतर, कड़ा दबाव, कोणीय / इकहरा लेखन, कैपिटल अक्षरों (Capital Letters) का बड़ा आकार, व्यक्तिगत सर्वनाम 'I' का बड़ा आकार, 'ओवल' अक्षरों (Ovals)यानी a,d,g,o और q का खुला होना

पेशा (Profession)	आदर्श विलक्षणतायें (Ideal Traits)	लिखावट विश्लेषण द्वारा निदान के लिये लिखावट की अपरिहार्यताएँ (Handwriting Imperatives for Grapho Diagnostics)
विज्ञापन करना	रचनात्मक, बुद्धिमान, अच्छा संचार कौशल, सौंदर्यशास्त्र में रुचि, कलात्मक, मिलनसार	दाहिनी तरफ झुकाव लिये बड़े आकार की लिखावट, लंबा ऊपरी क्षेत्र, कड़ा दबाव, कोणीय/इकहरी लिपि, व्यक्तिगत सर्वनाम 'I' का बड़ा आकार, खुला मध्य क्षेत्र वाले वाले अक्षर, 'ओवल' अक्षरों (Ovals) यानी a,d,g,o और q का खुला होना

(Contd.)

पेशा (Profession)	आदर्श विलक्षणतायें (Ideal Traits)	लिखावट विश्लेषण द्वारा निदान के लिये लिखावट की अपरिहार्यताएँ (Handwriting Imperatives for Grapho Diagnostics)
प्रतिनिधि	ठोस निर्णय, विश्लेषणात्मक, तर्कसम्मत सोच, अच्छा संचार कौशल, अच्छा सार्वजनिक संवाद कौशल, दृढ़ता और लोकप्रियता, शोधकर्ता	दाहिनी तरफ झुकाव लिये बड़े आकार का तेज लेखन, अलग -अलग और समान दूरी लिये पंक्तियाँ, कोणीय / इकहरा लेखन, कैपिटल अक्षरों (Capital Letters) का बड़ा आकार, निचले विस्तारों में कोई कुंडली (Loop) नहीं
लेखक और साहित्यकार	जुनूनी, उच्च मानसिक गतिशीलता, सशक्त शब्दावली, अच्छा अवलोकन कौशल, नाम और शोहरत की चाहत, स्पष्टता, अनुशासन, परिवर्तनों के लिए तैयार	दाहिनी तरफ झुकाव लिये तेज लिखावट, लंबा ऊपरी क्षेत्र, मध्यम दबाव, कैपिटल अक्षरों (Capital Letters) व व्यक्तिगत सर्वनाम 'I' के आकार का बड़ा होना

पेशा(Profession)	आदर्श विलक्षणतायें (Ideal Traits)	लिखावट विश्लेषण द्वारा निदान के लिये लिखावट की अपरिहार्यताएँ (Handwriting Imperatives for Grapho Diagnostics)
वित्तीय सलाहकार	विश्लेषणात्मक, प्रतिस्पर्द्धी, अच्छी शोहरत, ज्ञान की चाहत, आत्म-विश्वासी, अग्र-सक्रिय, स्थिर और शांतचित्त	लंबवत तिरछापन/झुकाव लिये छोटे आकार के अक्षर, अक्षरों और शब्दों के बीच बहुत कम अंतर, 'ओवल'अक्षरों(Ovals)यानी a,d,g,o और q का बंद होना, उच्च ऊपरी क्षेत्र

पेशा(Profession)	आदर्श विलक्षणतायें (Ideal Traits)	लिखावट विश्लेषण द्वारा निदान के लिये लिखावट की अपरिहार्यताएँ (Handwriting Imperatives for Grapho Diagnostics)
इंजीनियर / प्रोग्रामर	समय प्रबंधन, सीखने की क्षमता, ज्ञान के प्रति प्रेम, सकारात्मक दृष्टिकोण, बड़ी छवि देखने वाला, एक अच्छा टीम मैन, अच्छा संचार कौशल, सहज तकनीकी कौशल	लंबवत तिरछा, छोटा आकार, दृढ़ दबाव, 'ओवल'अक्षरों(Ovals)यानी a,d,g,o और q का बंद होना, संकीर्ण अक्षर
चिकित्सक एवं दंत-चिकित्सक	पेशे से संबन्धित ज्ञान अर्जित करने की चाहत, सहानुभूतिपूर्ण संबंध, सेवा करने का जुनून, निष्कपट, औसत से ऊपर संचार कौशल, धैर्यमय, प्रवीण, विस्तार से जानने को उन्मुख, संगठनात्मक कौशल, समस्या सुलझाने की क्षमता	लंबवत तिरछा झुकाव, छोटे आकार का तेज लेखन, लंबा ऊपरी क्षेत्र, मध्यम से लेकर भारी दबाव, कोणीय या इकहरा लेखन, कैपिटल अक्षरों (Capital Letters) के आकार का बड़ा होना

(Contd.)

पेशा(Profession)	आदर्श विलक्षणतायें (Ideal Traits)	लिखावट विश्लेषण द्वारा निदान के लिये लिखावट की अपरिहार्यताएँ (Handwriting Imperatives for Grapho Diagnostics)
जासूस और अन्वेषक	पूरी तरह से पेशेवर अवलोकन कौशल, विवरण - लेखन का कौशल, लोगों से संवाद कायम करने की क्षमता, विस्तृत जानकारी हासिल करने पर ध्यान, लीक से बाहर सोचने की क्षमता, अदालती प्रक्रिया के प्रमाण हासिल करने का कौशल, सकारात्मक दृष्टिकोण और दृढ़ता	बड़े आकार की लिखावट, तेजी से लिखना, शब्दों और पंक्तियों के बीच नियमित अंतराल, पंक्तियों के बीच में समान दूरी, लंबा ऊपरी क्षेत्र, मध्यम दबाव, कैपिटल अक्षरों (Capital Letters) व व्यक्तिगत सर्वनाम 'I' के आकार का बड़ा होना, 'ओवल'अक्षरों(Ovals)यानी a,d,g,o और q का बंद होना, 't' की मजबूत और लंबी डंडी
कूटनीतिज्ञ	कूटनीति व अंतरराष्ट्रीय संबंधों के प्रति रुचि और जुनून, उत्कृष्ट स्वभाव, संचार कौशल, मौखिक रूप से धाराप्रवाह और संक्षिप्त। विस्तृत जानकारी पाने की ओर ध्यान, कड़े और प्रभावी वार्ताकार, एक विश्लेषणात्मक विचार प्रक्रिया को प्रदर्शित करता है।	दायाँ तिरछा झुकाव, बड़े आकार की तेज लिखावट, पंक्तियों के बीच नियमित अंतराल व समान दूरी, मध्यम दबाव, कैपिटल अक्षरों (Capital Letters) का बड़ा आकार, व्यक्तिगत सर्वनाम 'I' का बड़ा आकार, निचले क्षेत्रों में संकीर्ण और लंबी कुंडलियाँ (Loops)

पेशा (Profession)	आदर्श विलक्षणतायें (Ideal Traits)	लिखावट विश्लेषण द्वारा निदान के लिये लिखावट की अपरिहार्यताएँ (Handwriting Imperatives for Grapho Diagnostics)
संपादन और प्रकाशन	उच्च मानसिक गतिशीलता, व्यापार कौशल में दक्ष, अत्यंत आत्मसम्मान, मन नहीं बदलता, विस्तार में जाता है विश्लेषणात्मक सोच प्रक्रिया	लंबवत से बाएं तिरछा झुकाव लिये छोटे आकार की तेज लिखावट, शब्दों व अक्षरों के बीच संकीर्ण अंतर, मध्यम दबाव, कोणीय लेखन, 't' की दृढ़ एवं लंबी पट्टी
अभियांत्रिकी (Engineering)	गणितीय और विश्लेषणात्मक, संगठित, विस्तार से जानने की ओर ध्यान, जिज्ञासा, रचनात्मकता, महत्वपूर्ण सोच, अंतर्ज्ञान	लंबवत तिरछा झुकाव, छोटे आकार की तेज लिखावट, कोणीय तोरणपथ युक्त संयोजन (Angular Arcade Connections), उच्च ऊपरी क्षेत्र
मनोरंजन उद्योग	उत्कृष्ट संचार कौशल, पर्यवेक्षक सामाजिक रूप से मिलनसार, अन्य लोगों को साझा गतिविधियों में शामिल होने के लिये प्रोत्साहित करता है, बहिर्मुखी, सुसामाजिक, नाम और प्रसिद्धि की चाहत	दाहिनी ओर तिरछा झुकाव लिये बड़े आकार की तेज लिखावट, अच्छी दूरी, मध्यम-भारी दबाव, कैपिटल अक्षरों (Capital Letters) का बड़ा आकार, लंबे निचले क्षेत्र, सशक्त और बड़े हस्ताक्षर

(Contd.)

पेशा(Profession)	**आदर्श विलक्षणतायें (Ideal Traits)**	**लिखावट विश्लेषण द्वारा निदान के लिये लिखावट की अपरिहार्यताएँ (Handwriting Imperatives for Grapho Diagnostics)**
कार्यकारी नियुक्ति (Executive Appointment)	हस्ताक्षर की आकर्षक शैली, भावनात्मक बुद्धिमत्ता, आत्म विश्वास और आत्म संयम, ज्ञान प्राप्त करने की चाहत, प्रतिस्पर्द्धी, जोखिम लेने की क्षमता	लम्बवत झुकाव वाली छोटे आकार की तेज लिखावट, पंक्तियाँ अलग- अलग और समान दूरी पर, लंबा ऊपरी क्षेत्र, मध्यम दबाव, कैपिटल अक्षरों (Capital Letters) का बड़ा आकार, 't' की बड़ी,सशक्त व लंबी पट्टियाँ, निचले क्षेत्र में कोई बड़ी कुंडली (Loop) नहीं, चौड़ा बायाँ हाशिया और संकीर्ण दाहिना हाशिया
साधु / तपस्वी / गुरु	ध्यान के लिए एकांत खोजता है, चिंतनशील, स्वयं जागरूक, परोपकारी, भावनाओं पर मस्तिष्क का शासन, एकाकी	लंबवत तिरछा, चौड़ा अंतरालन, संकुचित और लंबा ऊपरी क्षेत्र, हल्का दबाव, चौड़ा बायाँ व दाहिना हाशिया, ऊँचा और कुंडली का आकार लिये 'h' अक्षर

पेशा (Profession)	**आदर्श विलक्षणतायें (Ideal Traits)**	**लिखावट विश्लेषण द्वारा निदान के लिये लिखावट की अपरिहार्यताएँ (Handwriting Imperatives for Grapho Diagnostics)**
गृह स्वामिनी (Home Maker)	स्वार्थरहित, बिना शर्त प्यार करती है, विश्वास साझा करती है, बच्चों के लिए महत्वाकांक्षी, देखभाल करने वाली, भरोसेमंद, कुशल	दायाँ तिरछा, मध्यम या बड़ा आकार, शब्दों और पंक्तियों के बीच नियमित अंतराल, मध्यम / हल्का दबाव, गोलाई लिये हुए मालानुमा लिपि, औसत निचली कुंडली (Loop)

पेशा (Profession)	आदर्श विलक्षणतायें (Ideal Traits)	लिखावट विश्लेषण द्वारा निदान के लिये लिखावट की अपरिहार्यताएँ (Handwriting Imperatives for Grapho Diagnostics)
पत्रकारिता	अच्छा सम्प्रेषण एवं अंतर्वैयक्तिक कौशल, अपने पेशे की गहरी समझ व ज्ञान, खोजी प्रकृत्ति, आत्म विश्वास, दृढ़ता व अटलता, अनुशासन प्रिय, नैतिक, कूटनीतिक	दाहिनी तरफ तिरछापन व झुकाव लिये हुए तेज लिखावट, असंबद्ध पंक्तियाँ, कडा दबाव, कैपिटल अक्षरों (Capital Letters) का बड़ा आकार, व्यक्तिगत सर्वनाम 'I' का बड़ा आकार, चौड़ा बायाँ हाशिया और संकीर्ण दाहिना हाशिया
धैर्यवान खिलाड़ी (मैराथन)	सहनशीलता, संरक्षित करने वाला, अटल, लचीला, प्रेरित, एकाग्र, निडर और प्रतिस्पर्द्धी, दृढ़ इच्छा शक्ति	लंबवत व नियंत्रित दाहिनी तरफ तिरछापन लिये झुकाव, कैपिटल अक्षरों (Capital Letters) का बड़ा आकार, 't' की मजबूत और लंबी पट्टियाँ, संकीर्ण, लंबी और नुकीली निचली कुंडली (Loop), बड़े और ओजस्वी हस्ताक्षर

(Contd.)

पेशा(Profession)	आदर्श विलक्षणतायें (Ideal Traits)	लिखावट विश्लेषण द्‌वारा निदान के लिये लिखावट की अपरिहार्यताएँ (Handwriting Imperatives for Grapho Diagnostics)
सैन्य अधिकारी	शारीरिक रूप से स्वस्थ, गतिशील, दृढ़ संकल्प और निश्चितता, निर्भरता के योग्य, दूरदर्शिता और योजना, प्रतिनिधित्व, निष्ठा, प्रतिभा और पहल, परिपक्वता, दृढ़ता, संचार कौशल, नैतिक साहस, सत्यनिष्ठा, दूर दृष्टि और वैचारिक क्षमता, अस्पष्टता के लिए सहिष्णुता, व्यावसायिक क्षमता	दाहिनी तरफ तिरछा या लंबवत तिरछा नियंत्रित झुकाव, आरोही/ सीधी आधार रेखा, बड़े से मध्यम आकार की स्थिर और स्पष्ट लिखावट, मध्यम से दृढ़ दबाव, कोणीय/ तोरण संयोजन (Arcade Connections), कैपिटल अक्षरों का बड़ा आकार, खुले 'ओवल' अक्षर (Ovals)यानी a,d,g,o और q, खुले बड़े और सुपाठ्य हस्ताक्षर, तने की 2/3 ऊँचाई पर 't' की मजबूत पट्टियाँ, कुंडली विहीन 'd' और 't'. 'i' का बिन्दु तने के ऊपर अंकित, किसी भी विशेषक चिन्ह या विराम चिन्ह का गायब न होना, ऊँचा ऊपरी क्षेत्र, अंतर क्षेत्रीय संतुलन

पेशा (Profession)	आदर्श विलक्षणतायें (Ideal Traits)	लिखावट विश्लेषण द्वारा निदान के लिये लिखावट की अपरिहार्यताएँ (Handwriting Imperatives for Grapho Diagnostics)
शोधकर्ता	एकाग्रता और ध्यान केन्द्रित करना, विश्लेषणात्मक, कुशाग्र (Sharp) और चतुर, कर्त्तव्य निष्ठा, किसी भी कार्य की अग्रिम योजना बनाने वाला, व्यवस्थित, भरोसेमंद	लंबवत तिरछा झुकाव, छोटे आकार की स्थिर लिखावट, बहुत संकरी दूरी, दृढ़ दबाव, बड़े आकार के कैपिटल अक्षर, बंद 'ओवल' अक्षर (Ovals)यानी a,d,g,o और q, कोणीय संयोजन, निचले क्षेत्र की अपेक्षा लंबा ऊपरी क्षेत्र, छोटा मध्य क्षेत्र
दर्शन	ज्ञान के प्रति प्रेम, विचारों के प्रति खुलापन, विवेकपूर्ण अंतर्निरीक्षण, बुद्धिमत्ता, अंतर्मुखता, आत्मविश्लेषी	लंबवत से बाएं तिरछा झुकाव, मध्यम से छोटे आकार की लिखावट, शब्दों और पंक्तियों के बीच नियमित और समान दूरी, ऊंचाई युक्त ऊपरी क्षेत्र, हल्का दबाव, बड़े आकार के कैपिटल अक्षर
पायलट	स्थिति के अनुसार जागरूकता, टीम कौशल, निर्णय लेने की क्षमता और शीघ्रता, मानसिक रूप से शांत रहता है, आत्मविश्वास, सकारात्मक रवैया, स्व-अनुशासन, विश्लेषणात्मक विचार प्रक्रिया	लंबवत से दाहिनी ओर तिरछा नियंत्रित झुकाव लिये छोटे आकार का स्थिर लेखन, दृढ़ दबाव, कैपिटल अक्षरों का बड़ा आकार, मजबूत और लंबी 't' पट्टियाँ, निचले छोरों पर संकीर्ण और लंबी कुंडलियाँ

(Contd.)

पेशा(Profession)	आदर्श विलक्षणतायें (Ideal Traits)	लिखावट विश्लेषण द्वारा निदान के लिये लिखावट की अपरिहार्यताएँ (Handwriting Imperatives for Grapho Diagnostics)
कविता लेखन	रचनात्मक और जिज्ञासु, अपने समय के प्रति सुरक्षात्मक रवैया, आंतरिक रूप से प्रेरित, ज्ञान से प्यार	दाहिना तिरछा झुकाव, मध्यम से छोटी लिखावट, लंबा ऊपरी क्षेत्र, मध्यम दबाव,बड़े आकार के कैपिटल अक्षर, खुले 'ओवल' अक्षर (यानी a,d,g,o और q)
पुलिस या अर्धसैनिक अधिकारी	समस्या का समाधान करने की कुशलताएं, संचार कौशल, अंतर वैयक्तिक कौशल, शारीरिक सक्षमता, आलोचनात्मक सोच, कूटनीतिक, साहस, निडर और आक्रामक	दाहिनी ओर तिरछा नियंत्रित झुकाव लिये या लंबवत तिरछी लिखावट, सीधी आधार रेखा, बड़ी से मध्यम आकार की स्पष्ट लिखावट, मध्यम से दृढ़ दबाव, कोणीय/तोरण संयोजन, बड़े आकार के कैपिटल अक्षर, खुले 'ओवल' अक्षर (Ovals)यानी a,d,g,o और q, सशक्त हस्ताक्षर
राजनीति	पहचान व शक्ति की चाहत, अच्छा संचार कौशल, असाधारण व्यक्तित्व, कूटनीतिक, जोखिम लेने वाला, खुले विचारों वाला, निडर और आत्मविश्वासी, बहिर्मुखी, दृढ़, सुसामाजिक	दाहिनी तरफ तिरछा झुकाव लिये बड़े व स्थिर अक्षर, पंक्तियों के बीच में समान दूरी, भारी से दृढ़ दबाव, कोणीय संयोजन, बड़े आकार के कैपिटल अक्षर, व्यक्तिवाचक सर्वनाम 'I' का बड़ा आकार, खुले 'ओवल' अक्षर (यानी a,d,g,o और q), बड़े हस्ताक्षर

पेशा(Profession)	आदर्श विलक्षणतायें (Ideal Traits)	लिखावट विश्लेषण द्वारा निदान के लिये लिखावट की अपरिहार्यताएँ (Handwriting Imperatives for Grapho Diagnostics)
प्रोफेसर / शिक्षण	ज्ञान के लिए प्यार, संवादात्मक कौशल, रचनात्मकता, उत्साह, विद्यार्थियों में व्यक्तिगत रुचि, देखभाल करने वाला, लचीलापन, मजबूत चरित्र, प्रतिबद्धता, विचारों के प्रति खुलापन	लंबवत तिरछा झुकाव, मध्य से छोटे आकार का लंबा ऊपरी क्षेत्र, छोटा निचला क्षेत्र, मध्यम से दृढ़ दबाव, कोणीय/ तोरण(Arcade) संयोजन
मनोविज्ञान/ मानव संसाधन प्रबंधक	सीखने का जुनून,प्रतिबद्धता, समानुभूति, समस्या सुलझाने की क्षमता, भरोसेमंद, धैर्य, नैतिक, विविध-सांस्कृतिक संवेदनशीलता	स्थिर लिखावट, रिक्त स्थान छोडना, छोटा मध्य और निचला क्षेत्र, ऊँचा ऊपरी क्षेत्र, दृढ़ दबाव, बड़े आकार के कैपिटल अक्षर, व्यक्तिगत सर्वनाम 'I' का बड़ा आकार, बड़े हस्ताक्षर

(Contd.)

पेशा(Profession)	आदर्श विलक्षणतायें (Ideal Traits)	लिखावट विश्लेषण द्वारा निदान के लिये लिखावट की अपरिहार्यताएँ (Handwriting Imperatives for Grapho Diagnostics)
जनसंपर्क	संचार कौशल,अंतर वैयक्तिक कौशल, सूचना प्रौद्योगिकी संबंधी कौशल,प्रस्तुतिकरण का कौशल,पहल,प्राथमिकता तय करने व योजना बनाने की क्षमता, पर्यावरण के प्रति जागरूकता, रचनात्मकता	दायाँ तिरछा झुकाव, बड़ा आकार, स्थिर लेखन, लंबा ऊपरी क्षेत्र, मध्यम से भारी दबाव, बड़े आकार के कैपिटल अक्षर, व्यक्तिगत सर्वनाम 'I' का बड़ा आकार, चौड़े बाएँ और संकरे ऊपरी हाशिये

पेशा(Profession)	आदर्श विलक्षणतायें (Ideal Traits)	लिखावट विश्लेषण द्वारा निदान के लिये लिखावट की अपरिहार्यताएँ (Handwriting Imperatives for Grapho Diagnostics)
भौतिक विज्ञानी	वैज्ञानिक दृष्टिकोण, पद्धतिगत और विश्लेषणात्मक तीक्ष्ण विचार प्रक्रिया, समस्या सुलझाने में अच्छा, टीम भावना, धैर्यवान और जिद्दी, पेशेवर, एकाग्रता और संकेन्द्रण	लंबवत तिरछा,छोटे आकार का स्थिर लेखन, अक्षरों और शब्दों के बीच बहुत संकरी दूरी, कडा दबाव, बड़े आकार के कैपिटल अक्षर, सीधा या संकुचित निचला क्षेत्र

पेशा(Profession)	**आदर्श विलक्षणतायें (Ideal Traits)**	**लिखावट विश्लेषण द्वारा निदान के लिये लिखावट की अपरिहार्यताएँ** (Handwriting Imperatives for Grapho Diagnostics)
बिक्री	हासिल करने का जुनून, लक्ष्य के प्रति सत्यनिष्ठा, सकारात्मक दृष्टिकोण, स्व प्रेरणा, अच्छा संचार व अंतर वैयक्तिक कौशल, टीम भावना,प्रेरक, उच्च भावनात्मक बुद्धिमत्ता (EQ)	दायाँ तिरछा,बड़े आकार का स्थिर लेखन, दृढ़ दबाव, बड़े आकार के कैपिटल अक्षर, व्यक्तिगत सर्वनाम 'I' का बड़ा आकार, खुले 'ओवल' अक्षर (यानी a,d,g,o और q), चौड़ा बायां हाशिया और संकीर्ण दाहिना हाशिया
वैज्ञानिक	जिज्ञासु, धैर्यवान, अन्वेषी, विस्तृत विवरणोन्मुख, रचनात्मक, ज़िद्दी, मिलनसार, खुले विचारों वाला और पक्षपात से मुक्त, ज्ञान से प्यार	लंबवत तिरछा व छोटे आकार का स्थिर लेखन, छोटा निचला क्षेत्र, लंबा ऊपरी क्षेत्र, मध्यम दबाव, कोणीय लेखन

(Contd.)

पेशा(Profession)	आदर्श विलक्षणतायें (Ideal Traits)	लिखावट विश्लेषण द्वारा निदान के लिये लिखावट की अपरिहार्यताएँ (Handwriting Imperatives for Grapho Diagnostics)
खिलाड़ी	आत्म विश्वास, सफल होने की गहरी इच्छा, स्वाभाविक रूप से लक्ष्य निर्धारित करने वाला, आत्म-अनुशासन, आशावाद और आत्म प्रेरणा, गतिशील, प्रतिस्पर्धी	संकुचित ऊपरी क्षेत्र, बड़े कैपिटल अक्षर, लंबा और मजबूत 't', संकीर्ण और लंबी निचली कुंडलियाँ, बड़े हस्ताक्षर
विद्यार्थी	आत्म -प्रेरित,जीवन भर सीखने में विश्वास करता है, स्वयं पर भरोसा, उत्तरदायित्व स्वीकार करता है, भौतिकवाद से मुक्ति, एकाग्रता और ध्यान केन्द्रित, संरक्षित करने वाला और दृढ़	लंबवत तिरछा, अलग - अलग पंक्तियाँ, लंबा ऊपरी क्षेत्र, छोटा मध्य क्षेत्र, छोटा और संकरा निचला क्षेत्र

लिखावट विश्लेषण से निदान करना

अब देखते हैं कि लिखावट विश्लेषण द्वारा कमियों का निदान करके कैसे हम अपनी आवश्यकता के अनुसार अपनी मानसिक विलक्षणताओं की रूप-रेखा बनाने के साथ-साथ अपने लिये उनका अनुकूलन कर सकते हैं ? कैसे मूर्त कार्यक्षेत्र (Tangible Domain) में अपनी लिखावट में परिवर्तन करने की तकनीक को अपनाकर, उसके द्वारा अमूर्त कार्यक्षेत्र (Intagible Domain) में अपनी मानसिक विलक्षणताओं को परिवर्तित कर, अपनी विशिष्ट आवश्यकताओं के लिए उन्हें नियोजित कर सकते हैं।

उपरोक्त सामग्री को एक मापदंड के रूप में लिया जा सकता है। कुछ उदाहरण आगे के पृष्ठों में दिये जा रहे है:

उदाहरण 1: चुने हुए क्षेत्र में उत्कृष्टता प्रदर्शित करना

मनोमस्तिष्क में अंतर्विनिष्ट करने (बैठा लेने) वाली विलक्षणतायें (Traits to inculate)	लिखावट विश्लेषण द्‌वारा निदान (Grapho-Diagnostics)
आत्मविश्वास	(a) Large I (b) Legible & Strong Signatures (c) Strong & Long 't' Bars (d) Pointed 'g' & 'y' (e) Strong and Legible Script
आकांक्षी और महत्वाकांक्षी	
ऊर्जा, जीवन- शक्ति और इच्छा शक्ति	
स्व -अनुशासन	
अभियान और दृढ़ निश्चय	
गतिशील और प्रतिस्पर्धात्मक	
जीतने का आग्रह	
व्यवहार-पटु मनुष्य	
आत्म - संयम	

उदाहरण 2: एक सशक्त सार्वजनिक आत्म-छवि बनाना

मनोमस्तिष्क में अंतर्विनिष्ट करने (बैठा लेने) वाली विलक्षणतायें(Traits to inculate)	लिखावट विश्लेषण द्‌वारा निदान (Grapho-Diagnostics)
निडर	(a) Large Script (b) Large Signatures (c) Strong 't'- bars (d) Angularity - M & n (e) Open ovals - a, o (f) Retraced d's & t's
खुद पर भरोसा	
निर्भीक और आक्रामक	
प्रेरित और अभियान हेतु संचालित	
मुखर(Outspoken), स्पष्टवादी एवं अपने स्वयं के विचारों के साथ खुला	
जीत हासिल करने के बाद उभर कर सामने आता हुआ (Overwhelming and Vanquishing)	
आक्रामक	
बड़ी सोच होना (See and Think Big)	
व्यक्तिगत हमलों से प्रभावित न होना	

उदाहरण 3: मनोमस्तिष्क में बैठाने की युक्ति और कूटनीति

मनोमस्तिष्क में अंतर्विनिष्ट करने (बैठा लेने) वाली विलक्षणतायें (Traits to Inculate)	लिखावट विश्लेषण द्‌वारा निदान (Grapho-Diagnostics)
चातुर्य (Tacts)	Large Script (a) Tall Capitals (b) Strong 't' (c) Open ovals (d) Large Signature (e) Right Slant (f)
गणनात्मक और कूटनीतिक(Calculative and Diplomatic)	
अंकित मूल्य को महत्व न देना (Taking Nothing on Face Value)	

टिप्पणी

लिखावट - विश्लेषण द्‌वारा निदान आमतौर पर बॉल पेन के प्रयोग से किया जाने वाला एक अभ्यास है। इसके द्‌वारा ऊपर दिए गए तीन उदाहरणों में उल्लिखित अक्षरों के प्रकारों तथा अन्य मापदंडों का अभ्यास किया जा सकता है, ताकि किसी व्यक्ति की पुनर्संरचना (To re-condition oneself) करने यानी मानसिक विलक्षणताओं को बदलने के लिए खुद को फिर से तैयार किया जा सके। यह अभ्यास प्रतिदिन जितनी बार चाहें, उतनी बार कर सकते हैं। इसके लिये पहले अलग-अलग अक्षरों पर अभ्यास करना होगा और फिर अंत में उन्हें अपने दैनिक लेखन में शामिल करना होगा। अवचेतन मन को नव विकसित मानसिक विलक्षणताओं के अनुकूल बनाने के लिए इस अभ्यास को लगातार 21 दिनों तक करना सबसे अच्छा है।

ग्रन्थसूची

इस पुस्तक को लिखते समय मुझे निम्नलिखित पुस्तकों और उनके लेखकों से प्रेरणा मिली है:-

* 'Handwriting Analysis' by **Andrea Mc Nichol.**
* 'The Definitive Book of Handwriting Analysis - The Complete Guide to Detecting Forgeries and Revealing Brain Activity Through The Science of Graphology' by **Mark Seifer.**

* 'Handwriting Analysis: A Complete Self Teaching Guide' by **P Scott Hollander.**
* 'Handwriting Analysis 101' by **Bart Baggett**.
* 'You Can Analyse Handwriting' by **Robert Holder.**
* 'You Can Win' by **Shiv Khera.**
* Various Books on **'Graphology And Health'** by Various Authors.
* **'**Applied Graphology - A Text Book on Character Analysis from Handwriting' by **Albert J. Smith.**
* **'**Reflections of The Self**'** by **Jiddu Krishnamurti.**

लिखावट विश्लेषण द्वारा स्वयं की खोज

आज से कई वर्ष पहले,1999 में, मैंने "लिखावट विश्लेषण "(Handwriting Analysis) विषय पर लिखी गयी एक पुस्तक के प्रति आकर्षण महसूस किया। अकस्मात् ही लिखावट-विश्लेषण से संबन्धित विज्ञान के साथ हुए इस परिचय ने मेरा जीवन बदल दिया। इस परिचय के फलस्वरूप मैं अपनी उन सभी नकारात्मक विलक्षणताओं और आदतों को जान पाने में समर्थ हो सका जो मेरी प्रगति में बाधक बने हुए थीं। एक प्रकार से यह मेरे जागने का अवसर था। आज इस पुस्तक का आपके हाथों में पहुँचना, आपके सामने भी वैसे ही एक अवसर के रूप में आया है।

क्या आप जीवन में आहत (Struck) महसूस करते हैं? क्या आप अपने लक्ष्यों को निर्धारित करने और हासिल करने में कठिनाई महसूस करते हैं ? या अपनी परियोजनाओं (Projects) को बीच में ही छोड़ देते हैं? जीवन में कभी-कभी, हम अपनी कमियों को पहचान पाने में असमर्थता के कारण जीवन की दौड़ में स्वयं का पीछे रह जाना महसूस करते हैं। यहां तक कि अगर हम अपनी उन कमियों को पहचान भी लेते हैं, तो उन में सुधार कर पाना हमें बहुत मुश्किल लगता है।

लिखावट विश्लेषण हमारे अवचेतन मन की एक गुप्त कुंजी है। यह कुंजी हमारी उन कमियों, हानिकारक तौर-तरीकों (Toxic Patterns) और अनुपयोगी आदतों को सामने लाती है जो समय के साथ-साथ हमारे भीतर विकसित हुई होंगी।

इस पुस्तक का अध्ययन कर के आप अपने सपनों की ओर छलांग लगा सकते हैं,अपनी उच्चतम क्षमता तक पहुंच सकते हैं। आत्म-खोज, आत्म-जागरूकता और आत्म-साक्षात्कार के लिए आप एक महत्वपूर्ण उपकरण के रूप में इस पुस्तक का

उपयोग कर सकते हैं। इसे एक सरल उपकरण के रूप में डिज़ाइन किया गया है जिससे आपको स्वयं को जानने में मदद मिलेगी। इसका उपयोग करके आप अपने आत्म-सम्मान के बारे में सीख सकते हैं और यह भी जान सकते हैं कि आप अपने आप को बाहरी दुनिया में कैसे पेश करते हैं। यह जानना व सीखना आपको अपनी ताकत और कमजोरियों को खोजने में मदद करता है और आपके सामने एक जीवन बदलने वाली दिशा - निर्देशिका (Tool-Kit) प्रस्तुत करता है। इसके द्वारा आप अपने आप को बदल सकते हैं और अपनी उन विलक्षणताओं(Traits) के संबंध में निर्णय ले सकते हैं जिन्हें आप अपने चुने हुए क्षेत्र में सफल होने के लिए विकसित करना चाहते हैं। अतएव इस पुस्तक का अध्ययन कर अपनी लिखावट और हस्ताक्षर को समझकर अपने पेशेवर और निजी जीवन को जानें, स्पष्ट करें और सुधारें।

यह पुस्तक आपके संपर्क में आने वाले अन्य लोगों में छिपे मानसिक लक्षणों, उद्देश्यों व भावनाओं को प्रकट करने में और उन्हें समझने में भी आपकी मदद करती है।

* हिमांशु पुंडीर पेशे से एक सेवारत सेना अधिकारी और जुनून से लिखावट विश्लेषक हैं। उन्होंने देश के कोने-कोने में सेवा की है। जम्मू-कश्मीर में सेवा करते हुए उन्हें अपनी पत्नी विनीता में अपनी ड्रीम गर्ल मिली। अब उनकी शादी को तेईस साल हो गए हैं। इस दंपत्ति के दो बच्चे यश राणा पुंडीर और युवराज राणा पुंडीर हैं। हिमांशु को यात्रा करना, ट्रायथलॉन, प्रत्यक्ष अनुभव से सीखना पसंद है और वे प्राचीन भारतीय आध्यात्मिक ग्रंथों के उत्साही पाठक हैं। उनका ई मेल पता है: hpundir74@gmail.com
* पुस्तक के अनुवादक हिन्दी के प्रख्यात् साहित्यकार गंभीर सिंह पालनी हैं। कुमाऊँ विश्वविद्यालय,नैनीताल द्वारा वर्ष 1979 की एम.ए.(हिन्दी) परीक्षा में प्रथम श्रेणी में सर्वोच्च स्थान प्राप्त करने के लिए आपको स्वर्ण पदक से सम्मानित किया गया था।आपका ई मेल पता है: gambhir.palni@gmail.com

www.ingramcontent.com/pod-product-compliance
Lightning Source LLC
LaVergne TN
LVHW041108150826
845673LV00007B/1973

* 9 7 9 8 8 9 0 6 6 7 2 1 2 *